国家基本职业培训包（指南包 课程包）

电子竞技运营师

人力资源社会保障部职业能力建设司编制

中国劳动社会保障出版社

图书在版编目（CIP）数据

电子竞技运营师 / 人力资源社会保障部职业能力建设司编制. -- 北京：中国劳动社会保障出版社，2021

（国家基本职业培训包：指南包　课程包）

ISBN 978-7-5167-5013-1

Ⅰ. ①电…　Ⅱ. ①人…　Ⅲ. ①电子游戏 – 运动竞赛 – 运营管理 – 职业培训 – 教学参考资料　Ⅳ. ①G898.3

中国版本图书馆 CIP 数据核字（2021）第 181896 号

中国劳动社会保障出版社出版发行

（北京市惠新东街 1 号　邮政编码：100029）

*

三河市华骏印务包装有限公司印刷装订　新华书店经销

880 毫米 ×1230 毫米　16 开本　15.5 印张　273 千字

2021 年 9 月第 1 版　　2021 年 9 月第 1 次印刷

定价：45.00 元

读者服务部电话：（010）64929211/84209101/64921644

营销中心电话：（010）64962347

出版社网址：http://www.class.com.cn

编 制 说 明

为全面贯彻落实习近平总书记对技能人才工作的重要指示精神，进一步增强职业技能培训针对性和有效性，不断提高培训质量，培养壮大创新型、应用型、技能型人才队伍，按照《人力资源社会保障部办公厅关于推进职业培训包工作的通知》(人社厅发〔2016〕162号)的工作安排，我部持续组织开发培训需求量大的国家基本职业培训包，指导开发地方(行业)特色职业培训包，力争全面建立国家基本职业培训包制度，普遍应用职业培训包高质量开展各类职业培训。

职业培训包开发工作是新时期职业培训领域的一项重要基础性工作，旨在形成以综合职业能力培养为核心、以技能水平评价为导向，实现职业培训全过程管理的职业技能培训体系，这对于进一步提高培训质量，加强职业培训规范化、科学化管理，促进职业培训与就业需求的有效衔接，推行终身职业培训制度具有积极的作用。

国家基本职业培训包由指南包、课程包和资源包三个子包构成，是集培养目标、培训要求、培训内容、课程规范、考核大纲、教学资源等为一体的职业培训资源总和，是职业培训机构对劳动者开展政府补贴职业培训服务的工作规范和指南。

国家基本职业培训包遵循《职业培训包开发技术规程(试行)》的要求，依据国家职业技能标准和企业岗位技术规范，结合新经济、新产业、新职业发展编制，力求客观反映现阶段本职业（工种）的技术水平、对从业人员的要求和职业培训教学规律。

《国家基本职业培训包（指南包　课程包）——电子竞技运营师》是在各有关专家的共同努力下完成的。参加编写的主要人员有袁军、张强、王永烁、姜翰生、丁岑烁、陈天伟、蔡涛，参加审定的主要人员有吕红文、郭阳、孙亚、龚雨玲、柳军、易久、沈敏、高东旭、李晓峰、苏沪杰、刘江媛、梁林忠、冯惠斌、卢建军、孙志明、刘凌英、严宝平、周松、何春先。在编制过程中得到了中国互联网上网服务行业协会、北京君通电子竞技有限公司、湖南体育职业学院、现代职业教育研究院、中国通信工业协会、杭州电魂网络科技股份有限公司、南京汇智互娱网络科技有限公司、北京中娱创想文化有限公司、苏州钛度教育科技有限公司、江西芙途教育科技集团、山西由甲申体育文化交流有限公司、广西爱电竞教育发展有限公司等有关单位的大力支持，在此一并致谢。

人力资源社会保障部职业能力建设司

国家基本职业培训包编审委员会

目　录

1 指 南 包

2 课 程 包

附录 培训要求与课程规范对照表

1 指南包

1.1 职业培训包使用指南

1.1.1 职业培训包结构与内容

电子竞技运营师职业培训包由指南包、课程包、资源包三个子包构成，结构如下图所示。

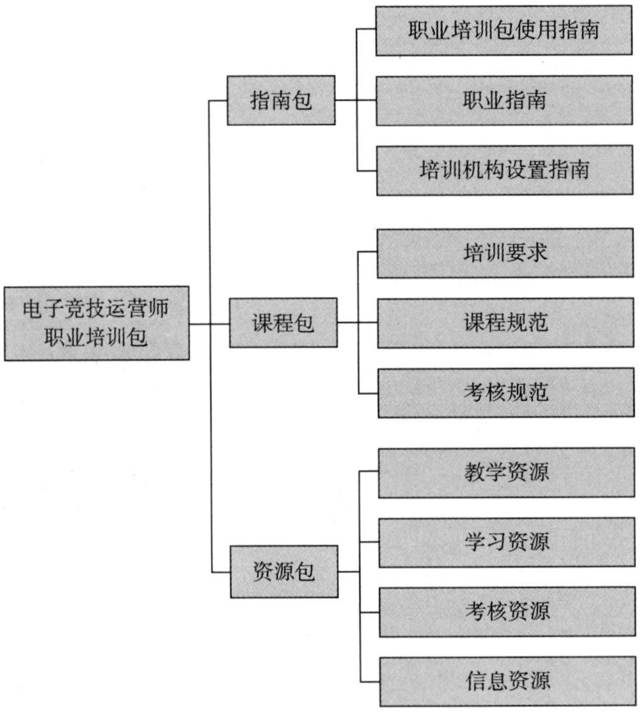

职业培训包结构图

指南包是指导培训机构、培训教师与学员开展职业培训的服务性内容总和，包括职业培训包使用指南、职业指南和培训机构设置指南。职业培训包使用指南是培训教师与学员了解职业培训包内容、选择培训课程、使用培训资源的说明性文本；职业指南是对职业信息的概述；培训机构设置指南是对培训机构开展职业培训提出的具体要求。

课程包是培训机构与教师实施职业培训、培训学员接受职业培训必须遵守的规范总和，包括培训要求、课程规范、考核规范。培训要求是参照国家职业技能标准、结合职业岗位工作实际需求制定的职业培训规范；课程规范是依据培训要求、结合职业培训教学规律，对课程设置、课堂学时、课程内容与培训方法等所做的统一规定；考核规范是针对课程规范中所规定的课程内容开发的，能科学评价培训学员过程性学习效果与终结性培训成果的规则，是客观衡量培训学员职业基本素质与职业技能水平的标准，也是实施职业培训过程性与终结性考核的依据。

资源包是依据课程包要求，基于培训学员特征，遵循职业培训教学规律，应用先进职业培训课程理念，开发的多媒介、多形式的职业培训与考核资源总和，包括教学资源、学习资源、考核资源和信息资源。教学资源是为培训教师组织实施职业培训教学活动提供的相关资源；学习资源是为培训学员学习职业培训课程提供的相关资源；考核资源是为培训机构和教师实施职业培训考核提供的相关资源；信息资源是为培训教师和学员拓展视野提供的体现科技进步、职业发展的相关动态资源。

1.1.2 培训课程体系介绍

电子竞技运营师职业培训课程体系依据职业技能等级分为职业基本素质培训课程、四级 / 中级职业技能培训课程、三级 / 高级职业技能培训课程、二级 / 技师职业技能培训课程、一级 / 高级技师职业技能培训课程，每一类课程包含模块、课程和学习单元三个层级。电子竞技运营师职业培训课程体系均源自本职业培训包课程包中的课程规范，以学习单元为基础，形成职业层次清晰、内容丰富的“培训课程超市”。

电子竞技运营师培训课程学时分配一览表

职业技能等级	课堂学时		其他学时	培训总学时
	职业基本素质培训课程	职业技能培训课程		
四级 / 中级	42	136	72	250
三级 / 高级	38	150	52	240
二级 / 技师	32	154	34	220
一级 / 高级技师	28	124	28	180

注：课堂学时是指培训机构开展的理论课程教学及实操课程教学的建议最低学时数。除课堂学时外，培训总学时还应包括岗位实习、现场观摩、自学自练等其他学时。

（1）职业基本素质培训课程

模块	课程	学习单元	课堂学时
1．职业道德	1-1　职业道德基本知识	职业认知与职业道德	2
	1-2　职业守则	职业守则	2

续表

模块	课程	学习单元	课堂学时
2．职业愿景	2-1　行业发展趋势	电子竞技行业的发展趋势	3
	2-2　职业成长前景	电子竞技运营师的职业成长前景	1
3．基础知识	3-1　电子竞技知识	电子竞技基础知识	6
	3-2　电子竞技活动策划知识	电子竞技活动策划基础知识	6
	3-3　电子竞技活动营销知识	电子竞技活动营销基础知识	2
	3-4　电子竞技活动宣传推广知识	电子竞技活动宣传推广基础知识	3
	3-5　电子竞技活动执行与管理知识	电子竞技活动执行与管理基础知识	5
	3-6　相关法律、法规知识	相关法律、法规知识	2
4．计算机基础	计算机硬件构成和常见故障检修	（1）计算机硬件设备及外置设备	3
		（2）计算机常见故障检修	3
5．沟通与礼仪	5-1　沟通	沟通技巧	2
	5-2　礼仪	个人礼仪	2
课堂学时合计			42

注：本表所列为四级 / 中级职业基本素质培训课程，其他等级职业基本素质培训课程按“电子竞技运营师职业培训课程学时分配一览表”中相应的课堂学时要求进行必要的调整。

（2）四级 / 中级职业技能培训课程

模块	课程	学习单元	课堂学时
1．活动策划	1-1　活动方案调研	（1）调查问卷的设计	3
		（2）调研资料的收集与整理	5
	1-2　实施方案策划	（1）活动相关材料的准备与使用	2
		（2）活动要点内容的记录	2
		（3）会议纪要的编写与存档	1
		（4）1 000 人以内的赛事活动相关报批	1
	1-3　相关文案写作	（1）文字的录入	1
		（2）电子竞技活动文案框架的编写	2
		（3）PPT 汇报文件的制作	3

续表

模块	课程	学习单元	课堂学时
2．活动营销	2–1　营销准备	（1）相关客户群信息的收集与汇总、记录	6
		（2）相关客户群信息的录入与整理	10
		（3）授权素材的合理使用	4
	2–2　营销实施	（1）营销资料的大批量邮寄、管理、登记	2
		（2）营销活动的社交媒体应用	3
3．宣传推广	3–1　执行计划分析	（1）宣传推广执行计划的识读	4
		（2）宣传推广工作的分解与实施	3
	3–2　官方平台宣传	（1）主流社交媒体官方平台账号的创建	4
		（2）主流社交媒体客户端宣传文案的发布	3
		（3）官方平台宣传素材的收集与归纳	4
		（4）官方平台的日常维护	1
	3–3　媒体渠道宣传	（1）赛事活动媒体渠道素材的收集与归纳	3
		（2）媒体渠道宣传内容的发布	1
		（3）媒体渠道的日常维护	2
	3–4　线下活动推广	（1）线下推广活动物料的准备	3
		（2）线下推广活动的执行	3
4．活动执行	4–1　现场观众管理	（1）现场观众进出场秩序的维持	2
		（2）现场观众观看秩序的维持	4
		（3）现场观众咨询及投诉的接受	3
	4–2　现场来宾管理	（1）现场选手及嘉宾信息的登记	2
		（2）现场选手及嘉宾的接待	6
		（3）选手及嘉宾就位引导	2
		（4）选手及嘉宾投诉的接受	4
	4–3　现场设备管理	（1）现场设施的准备与检查	8
		（2）现场电子竞技设备的准备与检查	8
	4–4　现场后勤管理	（1）后勤保障的协调处理	8
		（2）现场安全事故的处理	10
		（3）现场人员的疏散	3
课堂学时合计			136

（3）三级 / 高级职业技能培训课程

模块	课程	学习单元	课堂学时
1．活动策划	1-1　活动方案调研	（1）调研计划的拟订	2
		（2）调研任务实施方案的设计	2
		（3）调研资料的鉴定筛选、汇总与分析	3
	1-2　实施方案策划	（1）电子竞技赛事活动的实施	4
		（2）新闻发布会的实施	4
		（3）相关论坛的实施	5
		（4）1 000～5 000 人赛事活动的报批	2
	1-3　相关文案写作	（1）电子竞技活动计划书的编写	2
		（2）电子竞技赛事竞赛规程的编写	2
		（3）赛事相关活动方案的编写	2
		（4）新闻稿的写作	3
2．活动营销	2-1　营销准备	（1）赞助权益的梳理	3
		（2）工作计划的制订	5
		（3）营销实施资料的汇总与整理	3
		（4）邀请函的撰写	2
	2-2　营销实施	（1）电子竞技活动产品的电话销售	5
		（2）客户拜访方案的制定	6
		（3）赛事活动的宣讲	6
		（4）营销活动的组织	6
3．宣传推广	3-1　执行计划制订	（1）宣传推广方案的识读	1
		（2）工作内容的分解与宣传推广执行计划的制订	5
	3-2　官方平台宣传	（1）主流社交媒体官方平台的创建	1
		（2）官方平台宣传文案的编写	2
		（3）赛事活动官方平台宣传配图的制作	3
		（4）官方平台的综合维护与异常处理	3

续表

模块	课程	学习单元	课堂学时
3．宣传推广	3-3　媒体渠道宣传	（1）赛事活动媒体渠道宣传文案的编写	2
		（2）赛事活动媒体渠道宣传材料的制作与音视频内容的发布	8
		（3）媒体渠道的综合维护与异常情况处理	2
	3-4　线下活动推广	（1）线下推广活动的组织	3
		（2）线下推广活动现场异常情况的处理	3
4．活动执行	4-1　现场观众管理	（1）现场观众的例行巡检	3
		（2）现场观众管理细则的制定	3
		（3）现场观众投诉处理办法的制定	3
		（4）现场观众投诉的处理	3
		（5）现场观众异常情况的处理	3
	4-2　现场来宾管理	（1）现场选手和嘉宾的例行巡检	3
		（2）现场嘉宾管理细则的制定	3
		（3）现场选手管理手册的制定	3
		（4）现场选手和嘉宾投诉处理办法的制定	4
		（5）选手及嘉宾的投诉处理	4
		（6）选手及嘉宾异常情况处理	3
	4-3　现场设备管理	（1）现场设施设备的例行巡检	2
		（2）现场设施管理细则的制定	3
		（3）现场设施设备异常情况的处理	2
	4-4　现场后勤管理	（1）赛事活动现场的安全巡检	2
		（2）活动现场安全应急管理细则和消防管理细则的制定	3
		（3）现场异常情况的处理	3
课堂学时合计			150

（4）二级 / 技师职业技能培训课程

模块	课程	学习单元	课堂学时
1．活动策划	1-1　活动方案调研	（1）调研范围与对象的选择	2
		（2）调研内容的确定	2
		（3）调研方法	2
		（4）调研方案的撰写	2
	1-2　活动整体策划	（1）电子竞技活动战略规划的制定	4
		（2）电子竞技活动组织规划的制定	3
		（3）电子竞技活动总体方案的撰写	3
	1-3　实施方案策划	（1）电子竞技活动整体流程方案的策划	2
		（2）电子竞技赛事开幕式、闭幕式实施流程的制定	1
		（3）财务预算方案的制定	4
		（4）风险预测与控制要点的提出	2
		（5）5 000 人以上赛事相关活动的报批	2
	1-4　相关文案写作	（1）电子竞技活动立项调研报告	2
		（2）电子竞技活动整体流程方案和各类具体实施方案的撰写	2
		（3）电子竞技活动异常预案的编写	1
2．活动营销	2-1　营销实施计划制订	（1）营销实施计划的审核与优化建议	3
		（2）实施计划的问题处理与实施计划的调整	2
	2-2　营销准备	（1）招商材料的准备	1
		（2）赞助建议书的编写	3
		（3）合作合同的拟订	2
	2-3　营销实施	（1）赞助商商务合作的谈判	3
		（2）招商代理商商务合作的谈判	3
		（3）与游戏厂商、直播平台商务合作的谈判	4
		（4）票务机构商务合作的谈判	3
3．宣传推广	3-1　执行计划制订	（1）宣传推广方案的制定	2
		（2）宣传推广执行计划的审核与优化建议	2
		（3）宣传推广执行实际问题的处理与执行计划的调整	2

续表

模块	课程	学习单元	课堂学时
3．宣传推广	3–2　官方平台宣传	（1）社交媒体官方平台的优化	3
		（2）赛事活动的官方平台宣传方案的制定	4
		（3）官方平台宣传材料主题的把控	2
		（4）官方平台宣传异常情况应急处理办法的制定	2
	3–3　媒体渠道宣传	（1）赛事活动媒体渠道宣传方案的制定	2
		（2）赛事活动宣传主题的设计	2
		（3）媒体渠道宣传异常情况应急处理办法的制定	2
	3–4　线下活动推广	（1）300 人以上线下推广活动的组织执行	4
		（2）300 人以上线下推广活动异常情况的处理	2
		（3）现场异常情况应急处理办法的制定	2
4．活动执行	4–1　现场观众管理	（1）现场观众异常应急处理预案的制定	4
		（2）现场观众应急情况处理的组织	3
		（3）现场观众管理制度的制定	3
	4–2　现场来宾管理	（1）选手及嘉宾异常应急处理预案的制定	4
		（2）现场选手及嘉宾应急情况处理工作的组织	3
		（3）现场选手的培训	4
		（4）现场来宾管理制度的制定	3
	4–3　现场设备管理	（1）设施设备异常应急处理预案的制定	4
		（2）设施设备应急情况处理的组织	3
		（3）现场设施设备管理制度的制定	3

续表

模块	课程	学习单元	课堂学时
4．活动执行	4–4　现场后勤管理	（1）安全事故应急处理预案的制定	3
		（2）现场断电、断网、伤病事故等应急处理预案的制定	3
		（3）现场消防灭火、疏散应急预案的制定	3
		（4）异常应急处理的组织	4
		（5）现场后勤保障管理制度的制定	3
	4–5　赛事活动总结	（1）赛事活动资料的归档	3
		（2）赛事活动视频的归档	1
		（3）赛事活动赞助商权益的统计	2
5．培训与指导	5–1　培训	（1）岗位的培训	2
		（2）培训教案的编写	2
	5–2　指导	（1）工作经验和技能的总结	3
		（2）工作经验与技能的传授	2
课堂学时合计			154

（5）一级 / 高级技师职业技能培训课程

模块	课程	学习单元	课堂学时
1．活动策划	1–1　活动方案调研	（1）调研背景的分析方法	2
		（2）调研目的的确定方法	1
		（3）调研组织计划的制订	2
		（4）调研经费预算	4
		（5）调研报告的审核与结论的撰写	2
	1–2　活动整体策划	（1）电子竞技活动品牌发展策略的制定	4
		（2）电子竞技活动运营策略与方案的编写	3
		（3）电子竞技活动总体方案的策划方法	3
	1–3　实施方案策划	（1）电子竞技活动主题创意	4
		（2）电子竞技活动总体方案的评定	3
		（3）电子竞技活动总体方案的改进建议	2

续表

模块	课程	学习单元	课堂学时
1．活动策划	1–4　相关文案写作	（1）电子竞技活动总体规划书	3
		（2）电子竞技活动发展报告的撰写	2
		（3）电子竞技活动运营方案	2
2．活动营销	2–1　营销计划制订	（1）营销计划整体质量和进度的管控	2
		（2）费用的评估	2
	2–2　营销实施	（1）赞助商的合作谈判	6
		（2）电子竞技活动项目的合作谈判	6
		（3）电子竞技活动融资或投资的谈判	8
		（4）大客户维持方案的制定	4
3．宣传推广	3–1　执行计划制订	（1）宣传推广执行计划的项目把控	2
		（2）宣传推广执行计划成本的预估	2
		（3）宣传推广方案的审核	1
	3–2　官方平台宣传	官方平台宣传内容的审核、总结、优化	7
	3–3　媒体渠道宣传	媒体渠道宣传内容的审核、总结、优化	4
	3–4　线下活动推广	（1）线下推广活动策划方案	8
		（2）线下推广活动组织执行的监督	2
		（3）线下推广活动的评估、总结、优化	4
4．活动执行	4–1　活动现场监督	（1）赛事活动现场整体情况的监督	4
		（2）赛事活动现场突发事件的处理决策	1
	4–2　工作人员管理	（1）活动执行人员的工作分工和监督	4
		（2）活动执行人员岗位职责的培训	2
	4–3　赛事活动总结	（1）赛事活动的分析总结与总结方案的制定	3
		（2）赛事活动优化建议	3
5．培训与指导	5–1　培训	（1）岗位的培训	2
		（2）培训计划和大纲	2
		（3）培训教材的编写	2
	5–2　指导	（1）专业知识与技能的总结	3
		（2）专业知识与技能的传授	2
		（3）教学内容的布置与教学方式的选择	1
课堂学时合计			124

1.1.3 培训课程选择指导

职业基本素质培训课程为必修课程，相当于本职业的入门课程。各级别职业技能培训课程由培训机构教师根据培训学员实际情况，遵循高级别涵盖低级别的原则进行选择。

原则上，初入职的培训学员应学习职业基本素质培训课程和中级职业技能培训课程的全部内容，有职业技能等级提升需求的培训学员，可按照《国家职业技能标准》的“鉴定要求”，对照自身需求选择更高等级的培训课程。

具有一定从业经验、无职业技能等级晋升要求的培训学员，可根据自身实际情况自主选择本职业培训课程。具体方法为：(1) 选择课程模块；(2) 在模块中筛选课程；(3) 在课程中筛选学习单元；(4) 组合成本次培训的整个课程。

培训教师可以根据以上方法对培训学员进行单独指导。对于订单培训，培训教师可以按照如上方法，对照订单要求进行培训课程的选择。

1.2 职业指南

1.2.1 职业描述

电子竞技运营师是在电子竞技产业从事组织活动及内容运营的人员。

1.2.2 职业培训对象

电子竞技运营师职业培训的对象主要包括：城乡未继续升学的应届初高中毕业生、农村转移就业劳动者、城镇登记失业人员、转岗转业人员、退役军人、企业在职职工和高校毕业生等各类有培训需求的人员。

1.2.3 就业前景

电子竞技运营师的工作岗位有：电子竞技活动策划、电子竞技赛事运营、电子竞技活动运营、电子竞技品牌运营、电子竞技商务、电子竞技媒体运营等。

1.3 培训机构设置指南

1.3.1 师资配备要求

（1）培训教师任职基本条件

1）培训四级 / 中级、三级 / 高级电子竞技运营师的教师应具备本职业二级 / 技师及以上技能等级认证或相关专业技术职务任职资格。

2）培训二级 / 技师电子竞技运营师的教师应具备本职业一级 / 高级技师技能等级认证或相关专业技术职务任职资格。

3）培训一级 / 高级技师电子竞技运营师的教师应具备本职业一级 / 高级技师技能等级认证 2 年以上或相关专业技术职务任职资格。

（2）培训教师数量要求（以 25 人培训班为基准）

1）理论课教师：1 人以上；培训规模超过 25 人的，按教师与学员之比不低于 1∶25 配备教师。

2）实习指导教师：1 人以上；培训规模超过 25 人的，按教师与学员之比不低于 1∶25 配备教师。

1.3.2 培训场所设备配置要求

培训场所设备配置要求如下（以 25 人培训班为基准）：

（1）理论知识培训场所设备配置要求：70～80 m^2 标准教室，多媒体教学设备（计算机、投影仪、幕布或显示屏、网络接入设备、音响设备）、黑板、25 套以上桌椅，符合照明、通风、安全等相关规定。

（2）操作技能培训场所设备配置要求：配备含有 25 台以上计算机的网络教室，具体设备配置如下。

1）服务器配置

类别	名称	细目	规格
硬件	服务器	CPU	四核心、八线程以上
		硬盘	2 TB
		内存	8 GB
		显卡	4 GB 独显
		DVD-ROM	16 倍速
		网卡	10 Mbps/100 Mbps（和局域网环境相关）
软件	操作系统	Windows Server 2003	中文版，加 Service Pack 2，安装 IIS（包括 FTP 服务）
	数据库	SQL Server 2005	中文标准版，安装全文检索功能

2）学生机配置

类别	名称	细目	规格
硬件	计算机	CPU	四核心、八线程以上
		硬盘	1 TB 及以上
		内存	8 GB
		显卡	4 GB 独显
		网卡	10 Mbps/100 Mbps
软件	操作系统	Windows10	专业版
	浏览器	Internet Explore	中文版 8.0 以上，安装 Flash5 插件
	教学要求	文字处理软件	最新正式版本
		表格处理软件	最新正式版本
		演示稿处理软件	最新正式版本
		图像处理软件	最新正式版本
		视频处理软件	最新正式版本
		音频处理软件	最新正式版本

1.3.3 教学资料配备要求

（1）培训规范：《电子竞技运营师国家职业技能标准》《电子竞技运营师职业基本素质培训要求》《电子竞技运营师职业技能培训要求》《电子竞技运营师职业基本素质培训课程规范》《电子竞技运营师职业技能培训课程规范》《电子竞技运营师职业基本素质培训考核规范》《电子竞技运营师职业技能培训理论知识考核规范》《电子竞技运

营师职业技能培训操作技能考核规范》。

（2）教学资源：教材教辅、网络资源等内容必须符合“（1）培训规范”。

1.3.4 管理人员配备要求

（1）专职校长：1人，应具有大专及以上文化程度、四级/中级及以上专业技术职务任职资格，从事职业技术教育及教学管理5年以上，熟悉职业培训的有关法律法规。

（2）教学管理人员：1人以上，专职不少于1人；应具有大专及以上文化程度、四级/中级及以上专业技术职务任职资格，从事职业技术教育及教学管理5年以上，具有丰富的教学管理经验。

（3）办公室人员：1人以上，应具有大专及以上文化程度。

（4）财务管理人员：2人，应具有大专及以上文化程度。

1.3.5 管理制度要求

应建立健全完备的管理制度，包括办学章程与发展规划、教学管理、教师管理、学员管理、财务管理、设备管理等制度。

2

课程包

2.1 培训要求

2.1.1 职业基本素质培训要求

职业基本素质模块	培训内容	培训细目
1. 职业道德	1-1 职业道德基本知识	(1) 职业认知 (2) 职业道德特点
	1-2 职业守则	职业守则
2. 职业愿景	2-1 行业发展趋势	(1) 电子竞技行业发展方向 (2) 电子竞技行业特色领域
	2-2 职业成长前景	(1) 职业发展前景 (2) 职业发展通道
3. 基础知识	3-1 电子竞技知识	(1) 电子竞技和电子竞技产业的概念 (2) 电子竞技产业发展历程、现状及未来发展 (3) 电子竞技商业模式 (4) 国际及国内主要电子竞技活动 (5) 电子竞技活动与电子竞技赛事的概念
	3-2 电子竞技活动策划知识	(1) 电子竞技活动市场调研 (2) 电子竞技活动策划的内容与方法 (3) 电子竞技活动策划的基本程序 (4) 电子竞技赛事策划的内容与方法
	3-3 电子竞技活动营销知识	(1) 电子竞技活动营销的定义 (2) 电子竞技活动营销的方法与策略
	3-4 电子竞技活动宣传推广知识	(1) 电子竞技活动市场宣传推广的定义 (2) 传统媒体与电子竞技行业垂直媒体及传播渠道 (3) 电子竞技活动宣传推广策略与方法
	3-5 电子竞技活动执行与管理知识	(1) 电子竞技活动项目管理 (2) 电子竞技活动现场服务与管理 (3) 电子竞技活动现场执行 (4) 电子竞技活动现场安全管理 (5) 电子竞技活动总结
	3-6 相关法律、法规知识	(1) 电子竞技相关法律法规 (2) 互联网传播相关法律法规

续表

职业基本素质模块	培训内容	培训细目
4．计算机基础	计算机硬件构成和常见故障检修	（1）计算机硬件系统的构成 （2）计算机常见故障产生原因 （3）计算机故障常见检修方法
5．沟通与礼仪	5-1　沟通	（1）沟通原则 （2）沟通技巧
	5-2　礼仪	个人礼仪

2.1.2　四级 / 中级职业技能培训要求

职业功能模块	培训内容	技能目标	培训细目
1．活动策划	1-1　活动方案调研	1-1-1　能识读调研计划	调研计划的识读
		1-1-2　能设计调查问卷	调查问卷的设计
		1-1-3　能主动收集调研资料	调研资料收集渠道的选择
		1-1-4　能收集并分类整理调研资料	（1）调研资料的收集 （2）调研资料的整理
	1-2　实施方案策划	1-2-1　能按照活动内容要求准备材料	活动相关材料的准备与使用
		1-2-2　能记录活动要点内容	（1）会务工作礼仪规范的确认 （2）会议内容的记录
		1-2-3　能按照要求编写会议纪要并备案存档	（1）会议纪要的编写 （2）会议纪要的备案存档
		1-2-4　能完成预计参加人数在 1 000 人以内的赛事活动相关报批	1 000 人以内的赛事活动的报批
	1-3　相关文案写作	1-3-1　能应用计算机熟练进行文字录入	文字的熟练录入
		1-3-2　能使用各种办公软件，编写电子竞技活动文案框架	（1）办公软件的使用 （2）电子竞技活动文案框架的编写
		1-3-3　能根据电子竞技活动文案，制作 PPT 汇报文件	（1）电子竞技活动文案的识读 （2）PPT 软件的使用 （3）PPT 汇报文件的制作

续表

职业功能模块	培训内容	技能目标	培训细目
2．活动营销	2-1　营销准备	2-1-1　能根据赛事活动定位收集相关客户群信息	（1）赛事活动定位的确认 （2）信息收集渠道的选择 （3）目标客户群分析
		2-1-2　能准确记录并汇总目标客户群信息	客户群信息的记录与汇总
		2-1-3　能分类整理目标客户群信息	（1）个人客户群信息的分类与整理 （2）企业客户群信息的分类与整理
		2-1-4　能应用电子文档录入客户群信息	应用电子文档进行客户群信息的录入
		2-1-5　能根据厂商要求使用授权素材	（1）厂商基础授权事项的确认 （2）授权素材的使用 （3）厂商授权素材的审核
	2-2　营销实施	2-2-1　能邮寄、登记大批量营销资料	（1）大批量资料的登记 （2）大批量资料的管理 （3）大批量资料的邮寄
		2-2-2　能运用现代社交宣传媒体开展营销活动	现代社交媒体平台的使用
3．宣传推广	3-1　执行计划分析	3-1-1　能对宣传推广执行计划进行准确理解	（1）工作的归纳总结 （2）宣传推广执行计划的识读
		3-1-2　能根据宣传推广执行计划对工作内容进行分解和实施	（1）宣传推广执行工作的内容分解 （2）宣传推广执行工作的实施
	3-2　官方平台宣传	3-2-1　能创建现代主流社交媒体官方平台账号	（1）主流社交媒体平台账号的创建 （2）官方账号的认证
		3-2-2　能使用现代主流社交媒体客户端发布宣传文案	（1）主流社交媒体的选择 （2）主流社交媒体上宣传文案的发布
		3-2-3　能收集并归纳赛事及活动官方平台宣传配图相关素材	（1）官方平台宣传配图素材的收集 （2）官方平台宣传配图素材的整理
		3-2-4　能完成官方平台的基础日常维护	官方平台的日常维护

续表

职业功能模块	培训内容	技能目标	培训细目
3．宣传推广	3-3　媒体渠道宣传	3-3-1　能收集并归纳赛事活动线下线上媒体渠道相关宣传文案、材料及音视频素材	（1）赛事活动媒体渠道相关宣传素材的收集 （2）赛事活动媒体渠道相关宣传素材的整理
		3-3-2　能在媒体渠道发布宣传材料及音视频内容	媒体渠道宣传材料及音视频内容的发布
		3-3-3　能进行媒体渠道的基础日常维护	媒体渠道的日常维护
	3-4　线下活动推广	3-4-1　能准备线下推广活动现场使用的宣传推广物料	（1）线下推广活动设备的准备 （2）线下推广活动损耗型物料的准备
		3-4-2　能完成线下推广活动现场执行	（1）接待工作的执行 （2）场控工作的执行 （3）后勤保障工作的执行
4．活动执行	4-1　现场观众管理	4-1-1　能维持现场观众进出场秩序	观众进出场秩序的维持
		4-1-2　能维持现场观众观看秩序	现场观众观看秩序的维持
		4-1-3　能接受现场咨询及观众投诉	（1）赛事活动现场咨询的解答 （2）观众投诉的接受
	4-2　现场来宾管理	4-2-1　能进行现场选手及嘉宾信息登记	现场选手及嘉宾信息的登记
		4-2-2　能进行现场选手及嘉宾接待	现场选手及嘉宾的接待
		4-2-3　能根据活动安排引导选手及嘉宾就位	现场选手及嘉宾的引导
		4-2-4　能接受选手及嘉宾的投诉	选手及嘉宾投诉的接受
	4-3　现场设备管理	4-3-1　能进行现场设施准备与检查	（1）电子竞技活动现场设施的准备 （2）电子竞技活动现场设施的检查
		4-3-2　能进行电子竞技设备准备与检查	（1）现场电子竞技设备的准备 （2）现场电子竞技设备的检查

续表

职业功能模块	培训内容	技能目标	培训细目
4．活动执行	4-4　现场后勤管理	4-4-1　能协调处理活动过程中后勤保障相关事宜	(1) 活动过程中后勤保障相关事宜的协调 (2) 活动过程中后勤保障相关事宜的处理
		4-4-2　能根据安全应急预案处理现场安全事故	(1) 安全应急预案的识读 (2) 电子竞技活动现场安全事故的处理
		4-4-3　能根据消防疏散预案疏散现场人员	(1) 基本消防知识的培训 (2) 消防疏散预案的识读 (3) 电子竞技活动现场消防疏散方法的使用

2.1.3　三级 / 高级职业技能培训要求

职业功能模块	培训内容	技能目标	培训细目
1．活动策划	1-1　活动方案调研	1-1-1　能拟订具体的调研计划	(1) 调研计划的制订 (2) 调研计划主要内容的确定 (3) 调研计划的撰写
		1-1-2　能设计调研任务实施方案	调研任务实施方案的设计
		1-1-3　能对所收集到的资料进行鉴定筛选、汇总与分析	(1) 调研资料的鉴定筛选 (2) 调研资料的汇总 (3) 调研资料的分析
	1-2　实施方案策划	1-2-1　能提出电子竞技赛事活动的实施流程	电子竞技赛事活动实施流程的提出
		1-2-2　能提出新闻发布会实施流程	新闻发布会实施流程的提出
		1-2-3　能提出相关论坛实施流程	(1) 线上论坛实施流程的提出 (2) 线下论坛实施流程的提出
		1-2-4　能完成预计参加人数在 1 000 人以上 5 000 人以下的赛事活动相关报批	1 000～5 000 人赛事活动的报批
	1-3　相关文案写作	1-3-1　能编写电子竞技活动计划书	(1) 电子竞技活动计划书格式的确定 (2) 电子竞技活动计划书内容的编写

续表

职业功能模块	培训内容	技能目标	培训细目
1．活动策划	1-3　相关文案写作	1-3-2　能编写电子竞技赛事竞赛规程	（1）电子竞技赛事竞赛规程原则的制定 （2）电子竞技赛事竞赛规程内容的编写
		1-3-3　能编写赛事相关活动方案	（1）赛事相关活动方案种类的确定 （2）赛事相关活动方案的编写
		1-3-4　能进行新闻稿写作	（1）新闻稿结构的确定 （2）新闻稿内容的编写
2．活动营销	2-1　营销准备	2-1-1　能整理赛事活动相关信息并梳理赞助权益	电子竞技赛事常见赞助权益的梳理
		2-1-2　能根据营销计划对工作内容进行分解，并制订具体的工作计划	（1）营销计划的识读 （2）根据营销计划进行工作内容的分解 （3）工作计划的制订
		2-1-3　能汇总并整理营销实施所需的各种资料，如宣讲方案、合作商目录等	（1）营销实施所需资料的确认 （2）营销实施资料的归档整理
		2-1-4　能根据营销计划撰写邀请函	（1）邀请函结构 （2）邀请函内容的编写
	2-2　营销实施	2-2-1　能运用电话沟通技巧向客户销售电子竞技活动产品	（1）电话销售沟通话术的准备 （2）电话销售沟通时长与内容的设计
		2-2-2　能提出拜访客户，进行业务洽谈的方案	（1）客户信息的确认 （2）双方业务合作方向的分析 （3）客户拜访技巧的总结 （4）业务洽谈方案的撰写
		2-2-3　能面向潜在合作商进行赛事活动宣讲	（1）赛事活动宣讲主题及关键信息的确认 （2）赛事活动宣讲流程的确认 （3）赛事活动内容的宣讲
		2-2-4　能组织潜在合作商参与营销活动	（1）组织营销活动主题及关键信息的确认 （2）组织营销活动流程的确认 （3）营销活动注意事项的确认

续表

职业功能模块	培训内容	技能目标	培训细目
3．宣传推广	3-1　执行计划制订	3-1-1　能对宣传推广方案进行准确理解	宣传推广方案的理解
		3-1-2　能根据宣传推广方案对工作内容进行分解，并制订宣传推广执行计划	（1）宣传推广方案工作阶段的分解 （2）宣传推广方案工作内容的分解 （3）宣传推广执行计划的制订
	3-2　官方平台宣传	3-2-1　能熟练完成现代主流社交媒体官方平台的创建	主流社交媒体官方平台的创建
		3-2-2　能编写预计参加人数在1 000人以内的赛事活动官方平台宣传文案	赛事活动官方平台宣传文案的编写
		3-2-3　能制作预计参加人数在1 000人以内赛事活动官方平台宣传配图	赛事活动官方平台宣传配图的制作
		3-2-4　能进行官方平台的综合维护与异常处理	（1）官方平台的综合维护 （2）官方平台的异常处理
	3-3　媒体渠道宣传	3-3-1　能编写预计参加人数在1 000人以内的赛事活动线上线下媒体渠道宣传文案	赛事活动线上线下媒体渠道宣传文案的编写
		3-3-2　能制作预计参加人数在1 000人以内的赛事活动线上线下媒体渠道宣传材料	赛事活动线上线下媒体宣传材料的制作
		3-3-3　能制作预计参加人数在1 000人以内的赛事活动媒体渠道宣传音视频并发布	（1）赛事活动媒体渠道宣传音视频的制作 （2）音视频内容的发布
		3-3-4　能进行媒体渠道的综合维护与异常处理	（1）媒体渠道的综合维护 （2）媒体渠道的异常处理
	3-4　线下活动推广	3-4-1　能组织执行预计参加人数在300人以内的线下推广活动	300人以内线下推广活动的组织执行
		3-4-2　能对预计参加人数在300人以内的线下推广活动现场异常情况进行处理	300人以内线下推广活动现场异常情况的处理

续表

职业功能模块	培训内容	技能目标	培训细目
4．活动执行	4-1　现场观众管理	4-1-1　能对现场观众进行例行巡检	（1）现场观众巡检事宜的确定 （2）现场观众巡检路线及频次的确定 （3）对讲机的使用 （4）现场观众巡检情况的记录
		4-1-2　能制定现场观众管理细则	（1）现场观众进出场管理细则的制定 （2）现场观众观看管理细则的制定
		4-1-3　能制定现场观众投诉处理办法	投诉处理办法的选择
		4-1-4　能处理现场观众投诉	现场观众投诉的处理
		4-1-5　能处理现场观众出现的异常情况	（1）现场观众常见异常情况的判断 （2）常见异常情况处理办法的选择
	4-2　现场来宾管理	4-2-1　能对现场选手和嘉宾进行例行巡检	（1）现场选手和嘉宾巡检事宜的确定 （2）现场选手和嘉宾巡检路线及频次的确定 （3）现场选手和嘉宾巡检情况的记录
		4-2-2　能制定现场嘉宾管理细则	现场嘉宾管理细则的制定
		4-2-3　能制定现场选手管理手册	现场选手管理手册的制定
		4-2-4　能制定现场选手和嘉宾投诉处理办法	现场选手和嘉宾常见投诉处理办法的选择
		4-2-5　能处理选手及嘉宾的投诉	选手及嘉宾投诉的处理
		4-2-6　能处理选手及嘉宾出现的异常情况	（1）选手及嘉宾异常情况的判断 （2）选手及嘉宾常见异常情况处理办法的选择

续表

职业功能模块	培训内容	技能目标	培训细目
4．活动执行	4-3　现场设备管理	4-3-1　能对现场设施设备进行例行巡检	（1）现场设施设备巡检内容的确定 （2）现场设施设备巡检路线及频次的确定 （3）现场设施设备巡检情况的记录
		4-3-2　能制定现场设施及电子竞技设备管理细则	现场设施及电子竞技设备管理细则的制定
		4-3-3　能对现场设施设备进行异常情况处理	（1）现场设施设备异常情况的判断 （2）设施设备异常情况处理办法的选择
	4-4　现场后勤管理	4-4-1　能进行赛事活动现场安全巡检	（1）现场安全隐患的排查 （2）安全设施隐患的排查
		4-4-2　能制定活动现场安全应急管理细则和消防管理细则	（1）活动安全应急管理细则的制定 （2）消防管理细则的制定
		4-4-3　能对现场进行异常情况处理	（1）后勤异常情况的判断 （2）处理异常情况办法的选择

2.1.4　二级 / 技师职业技能培训要求

职业功能模块	培训内容	技能目标	培训细目
1．活动策划	1-1　活动方案调研	1-1-1　能根据调研目的选择调研范围与对象	（1）调研范围的选择 （2）调研对象的选择
		1-1-2　能根据调研目的确定调研内容	调研内容的确定
		1-1-3　能根据调研目的选择调研方法	调研方法的选择
		1-1-4　能完成调研方案的撰写	（1）调研方案结构的确定 （2）调研方案内容的撰写
	1-2　活动整体策划	1-2-1　能完成电子竞技活动战略规划	（1）战略规划方法的选择 （2）战略分析模型的构建
		1-2-2　能完成电子竞技活动组织规划	电子竞技活动组织规划的制定
		1-2-3　能完成电子竞技活动总体方案的撰写	（1）电子竞技活动总体方案的设计 （2）电子竞技活动总体方案的撰写

续表

职业功能模块	培训内容	技能目标	培训细目
1．活动策划	1-3　实施方案策划	1-3-1　能策划电子竞技活动整体流程方案	电子竞技活动整体流程方案的策划
		1-3-2　能提出电子竞技赛事开幕式、闭幕式实施流程	（1）电子竞技赛事开幕式实施流程的制定 （2）电子竞技赛事闭幕式实施流程的制定
		1-3-3　能制定财务预算方案	财务预算方案的制定
		1-3-4　能提出风险预测和控制要点	（1）风险的预测 （2）控制要点的确定
		1-3-5　能完成预计参加人数 5 000 人以上赛事活动的相关报批	（1）相关文件的准备 （2）赛事活动的报批
	1-4　相关文案写作	1-4-1　能撰写电子竞技活动立项调研报告	电子竞技活动立项调研报告的撰写
		1-4-2　能撰写电子竞技活动整体流程方案和各类具体实施方案	（1）电子竞技活动整体流程方案的撰写 （2）各类具体实施方案的撰写
		1-4-3　能编写电子竞技活动异常预案	电子竞技活动异常预案的编写
2．活动营销	2-1　营销实施计划制订	2-1-1　能对营销实施计划进行审核，并提出优化建议	（1）营销实施计划的拟订 （2）营销实施计划的审核 （3）营销实施计划的优化
		2-1-2　能根据实际情况对过程中出现的问题进行处理，并及时调整实施计划	（1）实施计划常见问题的预估 （2）实施计划具体问题的处理 （3）实施计划的调整及最终确定
	2-2　营销准备	2-2-1　能根据营销实施计划准备招商材料	（1）营销实施所需招商材料的制作 （2）招商材料的管理
		2-2-2　能根据营销实施计划编写赞助建议书	（1）赞助建议书结构的确定 （2）赞助建议书内容的撰写
		2-2-3　能根据营销实施计划明确与各方合作商的合作内容	（1）重要合作商的确认 （2）合作方诉求的统计与记录
		2-2-4　能根据营销实施计划拟订合作合同	（1）合作合同书内容的确认 （2）合作合同的撰写

续表

职业功能模块	培训内容	技能目标	培训细目
2．活动营销	2-3 营销实施	2-3-1 能进行赞助商提案谈判	（1）赞助项目的业务对接 （2）谈判过程的确认 （3）赞助谈判策略的选择 （4）与赞助商进行相关权益的商讨
		2-3-2 能寻找招商代理商，并与之谈判	（1）招商代理商的选择 （2）谈判过程的确认 （3）招商谈判策略的选择 （4）招商代理商相关权益的商讨
		2-3-3 能与游戏厂商、直播平台等谈判并拟订合作合同	（1）游戏厂商的选择 （2）直播平台的选择确认 （3）谈判过程的确认 （4）合作谈判策略的选择 （5）与游戏厂商、直播平台进行相关权益的商讨 （6）转播权的开发 （7）合作合同的拟订
		2-3-4 能与票务机构谈判并拟订合作合同	（1）票务机构的选择 （2）谈判过程的确认 （3）合作谈判策略的选择 （4）与票务机构进行相关权益的商讨 （5）门票的开发 （6）合作合同的拟订
3．宣传推广	3-1 执行计划制订	3-1-1 能制定宣传推广方案	宣传推广方案的制定
		3-1-2 能对宣传推广执行计划进行审核，并提出优化建议	（1）宣传推广执行计划的审核 （2）宣传推广执行计划优化建议的提出
		3-1-3 能根据实际情况对过程中出现的问题进行处理，并及时调整执行计划	（1）宣传推广执行过程中出现问题的处理 （2）宣传推广执行计划的调整
	3-2 官方平台宣传	3-2-1 能完成现代主流社交媒体官方平台的优化	社交媒体官方平台的优化
		3-2-2 能制定赛事活动官方平台宣传方案	赛事活动的官方平台宣传方案的制定
		3-2-3 能把控官方平台宣传材料的主题	官方平台宣传材料主题的把控
		3-2-4 能制定官方平台宣传异常应急处理办法	官方平台宣传异常情况的应急处理办法的制定

续表

职业功能模块	培训内容	技能目标	培训细目
3．宣传推广	3-3　媒体渠道宣传	3-3-1　能制定预计参加人数在 1 000 人以上的赛事活动媒体渠道宣传方案	1 000 人以上的赛事活动的媒体渠道宣传方案的制定
		3-3-2　能设计预计参加人数在 1 000 人以上的赛事活动媒体宣传材料及视频的主题	1 000 人以上的赛事活动所使用的媒体宣传材料主题及视频主题的设计
		3-3-3　能制定媒体渠道宣传异常应急处理办法	媒体渠道宣传异常情况的应急处理办法的制定
	3-4　线下活动推广	3-4-1　能组织执行预计参加人数在 300 人以上的线下推广活动	300 人以上的线下推广活动的组织执行
		3-4-2　能对预计参加人数在 300 人以上的线下推广活动现场异常情况进行处理	300 人以上的线下推广活动中出现的异常情况的处理
		3-4-3　能制定活动现场异常应急处理办法	活动现场中异常状况的应急处理办法的制定
4．活动执行	4-1　现场观众管理	4-1-1　能制定现场观众异常应急处理预案	现场观众异常应急处理预案的制定
		4-1-2　能组织工作人员进行现场观众应急情况处理	（1）现场观众应急情况处理小组的组建 （2）现场观众应急情况处理流程的确定
		4-1-3　能制定现场观众管理制度	现场观众管理制度的制定
	4-2　现场来宾管理	4-2-1　能制定选手及嘉宾异常应急处理预案	现场选手及嘉宾异常应急处理预案的制定
		4-2-2　能组织工作人员进行选手及嘉宾应急情况处理	（1）现场选手及嘉宾应急情况处理小组的组建 （2）现场选手及嘉宾应急情况处理流程的确定
		4-2-3　能根据选手管理手册对选手进行现场培训	（1）手册内容的讲解 （2）培训方式的选择 （3）志愿者管理流程的确定
		4-2-4　能制定现场来宾管理制度	现场来宾管理制度的制定

续表

职业功能模块	培训内容	技能目标	培训细目
4．活动执行	4-3　现场设备管理	4-3-1　能制定设施设备异常应急处理预案	设施设备异常应急处理预案的制定
		4-3-2　能组织工作人员进行设施设备应急处理	（1）设施设备应急情况处理小组的组建 （2）设施设备应急情况处理流程的确定
		4-3-3　能制定现场设施设备管理制度	现场设施设备管理制度的制定
	4-4　现场后勤管理	4-4-1　能制定安全事故应急处理预案	安全事故应急处理预案的制定
		4-4-2　能制定现场断电、伤病事故等应急处理预案	断电、断网、伤病事故等应急处理预案的制定
		4-4-3　能制定现场消防灭火、疏散应急预案	现场消防灭火、疏散应急预案的制定
		4-4-4　能组织工作人员进行异常应急处理	（1）后勤应急处理小组的组建 （2）后勤应急处理流程的确认
		4-4-5　能制定现场后勤保障管理制度	现场后勤保障管理制度的制定
	4-5　赛事活动总结	4-5-1　能进行赛事活动资料归档	（1）赛事活动资料的分类 （2）赛事活动资料的归档
		4-5-2　能进行赛事活动视频归档	（1）赛事活动视频的分类 （2）赛事活动视频的归档
		4-5-3　能进行赛事活动赞助商权益统计	（1）赞助商权益的分类 （2）赞助商权益统计表的制作
5．培训与指导	5-1　培训	5-1-1　能培训三级 / 高级工	（1）三级 / 高级工职业需求能力的确认 （2）培训考核方式的设置
		5-1-2　能制定专项培训方案	（1）培训教案结构的确定 （2）培训教案内容的撰写
	5-2　指导	5-2-1　能总结工作经验和技能	（1）工作经验的总结 （2）工作技能的总结
		5-2-2　能传授工作经验和技能	（1）对三级 / 高级工进行理论指导 （2）向三级 / 高级工进行操作演示

2.1.5 一级 / 高级技师职业技能培训要求

职业功能模块	培训内容	技能目标	培训细目
1．活动策划	1-1 活动方案调研	1-1-1 能完成调研背景分析	调研背景的分析
		1-1-2 能确定调研目的	调研目的的确定
		1-1-3 能制订调研的组织计划	调研组织计划的制订
		1-1-4 能完成调研经费预算	（1）调研经费预算类目的确定 （2）调研经费预算方法的掌握
		1-1-5 能审核调研报告并撰写结论	（1）调研报告的审核 （2）调研报告结论的撰写
	1-2 活动整体策划	1-2-1 能制定电子竞技活动品牌发展策略	（1）品牌发展方向的确定 （2）品牌发展策略的选择 （3）电子竞技活动品牌发展战略的制定
		1-2-2 能提出电子竞技活动运营策略与方案	（1）电子竞技活动运营策略的提出 （2）电子竞技活动运营方案的编写
		1-2-3 能策划电子竞技活动总体方案	电子竞技活动总体方案的策划
	1-3 实施方案策划	1-3-1 能提出电子竞技活动主题创意	（1）电子竞技活动主题的确定 （2）电子竞技活动主题创意的提出
		1-3-2 能评价电子竞技活动总体方案	电子竞技活动总体方案的评价
		1-3-3 能针对电子竞技活动总体方案提出改善建议	电子竞技活动总体方案改善建议的提出
	1-4 相关文案写作	1-4-1 能编写电子竞技活动总体规划书	电子竞技活动总体规划书内容的编写
		1-4-2 能撰写电子竞技活动发展报告	电子竞技活动发展报告的撰写
		1-4-3 能撰写电子竞技活动运营方案	电子竞技活动运营方案的撰写

续表

职业功能模块	培训内容	技能目标	培训细目
2．活动营销	2-1　营销计划制订	2-1-1　能对营销计划进行整体质量和进度把控	（1）营销计划整体质量的把控 （2）营销计划阶段性目标的分解
		2-1-2　能对营销计划进行成本费用预估	营销计划成本费用的预估
	2-2　营销实施	2-2-1　能与赞助商进行长期合作谈判	（1）赞助商标准的确认 （2）商务谈判的准备 （3）商务谈判类型的确认 （4）与赞助谈判人员的讨论 （5）后续工作的推进
		2-2-2　能与其他电子竞技活动项目进行合作谈判	（1）电子竞技活动项目的选择 （2）商务谈判的准备 （3）商务谈判类型的确认 （4）与电子竞技活动谈判人员的讨论 （5）后续工作的推进
		2-2-3　能进行电子竞技活动融资或投资谈判	（1）谈判对象的分析 （2）企业资源的分析 （3）与电子竞技活动融资或投资人员的讨论 （4）后续工作的推进
		2-2-4　能制定与大客户维持长期合作关系的方案	（1）大客户档案表的制作 （2）CRM（客户关系管理）办公系统的使用 （3）大客户关系管理模型的应用 （4）大客户拜访规范的制定
3．宣传推广	3-1　执行计划制订	3-1-1　能对宣传推广执行计划进行整体质量和进度把控	（1）宣传推广各阶段质量控制标准的制定 （2）宣传推广各阶段及整体质量的把控 （3）宣传推广执行进度把控
		3-1-2　能对宣传推广执行计划进行成本费用预估	（1）宣传推广执行计划成本费用的预估 （2）宣传推广方案的审核
	3-2　官方平台宣传	3-2-1　能对官方平台宣传内容进行审核和监督	官方平台所使用的宣传内容的审核与监督
		3-2-2　能对官方平台宣传效果进行评估和总结	（1）官方平台宣传效果的评估 （2）官方平台宣传效果的总结

续表

职业功能模块	培训内容	技能目标	培训细目
3．宣传推广	3-2　官方平台宣传	3-2-3　能对官方平台宣传效果提出优化方案	官方平台宣传优化方案的提出
	3-3　媒体渠道宣传	3-3-1　能对媒体渠道宣传内容进行审核和监督	媒体宣传所使用的宣传内容的审核与监督
		3-3-2　能对媒体渠道宣传效果进行评估和总结	（1）媒体渠道宣传效果的评估 （2）媒体渠道宣传效果的总结
		3-3-3　能对媒体渠道宣传效果提出优化方案	媒体渠道宣传优化方案的提出
	3-4　线下活动推广	3-4-1　能设计线下推广活动的策划方案	线下推广活动策划方案的编写
		3-4-2　能对线下推广活动的组织执行情况进行监督	线下推广活动组织执行情况的监督
		3-4-3　能对线下推广活动效果进行评估总结，并提出优化方案	（1）线下推广活动效果的评估 （2）线下推广活动的总结 （3）线下推广活动优化方案的提出
4．活动执行	4-1　活动现场监督	4-1-1　能对赛事活动现场整体情况进行监督	（1）赛事活动现场监控技巧的使用 （2）赛事活动现场品质的管控 （3）赛事活动现场角色的管理 （4）赛事活动现场安全、秩序和保洁的监督
		4-1-2　能对赛事活动现场突发事件进行处理决策	赛事活动现场突发事件的处理决策
	4-2　工作人员管理	4-2-1　能对活动执行人员进行工作分工和工作监督	（1）人员分工内容的指导 （2）人员分工职责的监督
		4-2-2　能对活动执行人员进行岗位职责培训	（1）岗位职责培训教案的编写 （2）岗位职责典型案例的收集和制作
	4-3　赛事活动总结	4-3-1　能对赛事活动进行分析总结，制定总结方案	（1）赛事活动效果的分析总结 （2）赛事活动总结方案的制定
		4-3-2　能提出赛事活动优化建议	赛事活动优化方案的提出
5．培训与指导	5-1　培训	5-1-1　能培训二级／技师	（1）对二级／技师职业需求能力的确认 （2）培训考核方式的设置

续表

职业功能模块	培训内容	技能目标	培训细目
5. 培训与指导	5-1 培训	5-1-2 能制定专项培训计划和大纲	(1) 培训计划的制订 (2) 培训大纲的制定
		5-1-3 能编写培训教材	(1) 培训教材资料的整理 (2) 培训教材内容的编写
	5-2 指导	5-2-1 系统地传授专业知识和技能	(1) 专业知识与技能的总结 (2) 专业知识与技能的系统传授
		5-2-2 能安排教学内容，选择教学方式	(1) 教学内容的布置 (2) 教学方式的选择

2.2 课程规范

2.2.1 职业基本素质培训课程规范

模块	课程	学习单元	课程内容	培训建议	课堂学时
1. 职业道德	1-1 职业道德基本知识	职业认知与职业道德	1) 职业基本认知 ①电子竞技行业发展状况 ②电子竞技运营师的职业定位 ③电子竞技运营师的工作内容	(1) 方法：讲授法、案例教学法 (2) 重点与难点：电子竞技运营师职业道德	2
			2) 职业道德 ①职业道德的概念 ②各行各业共同的职业道德 ③加强职业道德修养		
	1-2 职业守则	职业守则	1) 遵守法律、法规和有关规定	(1) 方法：讲授法、案例教学法	2
			2) 爱岗敬业，忠于职守，自觉履行各项职责		

续表

模块	课程	学习单元	课程内容	培训建议	课堂学时
1. 职业道德	1-2 职业守则	职业守则	3）工作认真负责，严于律己	（2）重点与难点：电子竞技运营师的职业守则	
			4）刻苦学习，钻研业务，努力提高思想和科学文化素质		
			5）团结协作，主动配合，相互尊重		
			6）严格执行各项标准规程，保证工作质量		
			7）重视安全、环保，文明生产		
			8）努力创新，弘扬工匠精神，精益求精		
2. 职业愿景	2-1 行业发展趋势	电子竞技行业的发展趋势	1）电子竞技行业的发展方向 ①电子竞技专业化 ②电子竞技市场化 ③电子竞技全民化与娱乐化 ④电子竞技细分化	（1）方法：讲授法、案例教学法 （2）重点：电子竞技行业的发展方向 （3）难点：电子竞技行业特色领域	3
			2）电子竞技行业特色领域 ①电子竞技俱乐部 ②电子竞技赛事 ③电子竞技地产 ④电子竞技教育 ⑤电子竞技研学旅行		
	2-2 职业成长前景	电子竞技运营师的职业成长前景	1）电子竞技运营师职业发展前景 ①人才需求缺口 ②利好政策 ③电子竞技产业整体布局	（1）方法：讲授法、案例教学法 （2）重点与难点：电子竞技运营师职业发展前景	1
			2）电子竞技运营师的职业发展通道		

续表

模块	课程	学习单元	课程内容	培训建议	课堂学时
3．基础知识	3-1 电子竞技知识	电子竞技基础知识	1）电子竞技和电子竞技产业的概念 ①电子竞技的定义 ②电子竞技的特征 ③电子竞技产业构成（电子竞技项目、赛事、媒体等）	（1）方法：讲授法、案例教学法 （2）重点：电子竞技产业的发展	6
			2）电子竞技产业的发展 ①电子竞技产业发展的历史 ②电子竞技产业发展的现状 ③电子竞技产业未来发展		
			3）电子竞技产业的商业模式 ①电子竞技直播模式 ②电子竞技冠名赞助模式 ③电子竞技内容IP[①]开发 ④电子竞技场馆开发 ⑤其他商业模式		
			4）国内外主流电子竞技项目 ①即时战略（RTS）项目 ②第一人称射击（FPS）项目 ③多人在线战术竞技（MOBA）项目 ④棋牌类项目 ⑤益智休闲类项目 ⑥竞速与体育类项目 ⑦格斗类项目		

① IP本身指的是网络地址，现被称为知识产权，即一个众所周知的形象。

续表

<table>
<tr><th>模块</th><th>课程</th><th>学习单元</th><th>课程内容</th><th>培训建议</th><th>课堂学时</th></tr>
<tr><td rowspan="7">3．基础知识</td><td rowspan="2">3-1　电子竞技知识</td><td rowspan="2">电子竞技基础知识</td><td>5）电子竞技活动
①电子竞技活动的参与方式
②国内主流电子竞技活动
③国外主流电子竞技活动</td><td rowspan="2">（3）难点：电子竞技产业的商业模式</td><td rowspan="2"></td></tr>
<tr><td>6）电子竞技赛事
①电子竞技赛事的概念
②典型电子竞技赛事介绍</td></tr>
<tr><td rowspan="5">3-2　电子竞技活动策划知识</td><td rowspan="5">电子竞技活动策划基础知识</td><td>1）电子竞技活动市场调研
①调研步骤
②调研方法</td><td rowspan="5">（1）方法：讲授法、案例教学法
（2）重点：电子竞技活动策划</td><td rowspan="5">6</td></tr>
<tr><td>2）电子竞技活动策划的内容与方法
①活动策划内容
②活动策划方法</td></tr>
<tr><td>3）电子竞技活动策划的基本程序</td></tr>
<tr><td>4）电子竞技赛事策划的内容与方法
①赛事策划内容
②赛事策划方法</td></tr>
<tr><td>5）电子竞技赛事分类
①按照举办方分类（官方、第三方）
②按照参赛及运作模式分类（联赛、杯赛）
③按照职业化程度分类（职业赛、半职业、娱乐赛）
④按照区域影响力分类（地区赛、全国赛、世界赛）
⑤其他分类方法</td></tr>
</table>

续表

模块	课程	学习单元	课程内容	培训建议	课堂学时
3．基础知识	3-2 电子竞技活动策划知识	电子竞技活动策划基础知识	6）电子竞技赛事赛制 ①单败淘汰制 ②双败淘汰制 ③单循环制 ④双循环制 ⑤分组循环制 ⑥积分制	（3）难点：电子竞技赛事赛制	
	3-3 电子竞技活动营销知识	电子竞技活动营销基础知识	1）电子竞技活动营销的基本概念	（1）方法：讲授法、案例教学法 （2）重点与难点：电子竞技活动营销的方法与策略	2
			2）电子竞技活动营销的方法与策略 ①电子竞技活动营销的方法 ②电子竞技活动营销的策略		
	3-4 电子竞技活动宣传推广知识	电子竞技活动宣传推广基础知识	1）市场宣传推广的定义	（1）方法：讲授法、案例教学法 （2）重点：电子竞技活动宣传推广的策略与方法 （3）难点：传统媒体与电子竞技行业垂直媒体及传播渠道	3
			2）传统媒体与电子竞技行业垂直媒体及传播渠道 ①传统媒体与新媒体的区别 ②垂直媒体与水平媒体的区别 ③常见的传播渠道		
			3）电子竞技活动宣传推广的策略与方法 ①品牌塑造 ②媒体合作 ③地推宣传		
	3-5 电子竞技活动执行与管理知识	电子竞技活动执行与管理基础知识	1）电子竞技活动项目管理的基础内容 ①项目进程管理 ②项目人员管理 ③项目预算管理 ④项目质量管理 ⑤项目资源管理	（1）方法：讲授法、案例教学法、实训法	5

续表

模块	课程	学习单元	课程内容	培训建议	课堂学时
3．基础知识	3-5 电子竞技活动执行与管理知识	电子竞技活动执行与管理基础知识	2）电子竞技活动现场服务与管理的基础内容 ①接待服务 ②观众管理 ③嘉宾管理 ④参演人员管理 ⑤设施设备管理 3）电子竞技活动现场执行的基础内容 ①活动巡检 ②活动流程保障 ③事件处理 4）电子竞技活动现场安全管理的基础内容 ①活动现场安全管理预案的制定 ②设施设备的检修与使用 5）电子竞技活动总结的基础内容 ①活动总结的要点 ②活动总结的方法	（2）重点：电子竞技活动现场执行与安全管理的基础内容 （3）难点：电子竞技活动项目管理的基础内容	
	3-6 相关法律、法规知识	相关法律、法规知识	1）《中华人民共和国体育法》相关知识 2）《中华人民共和国网络安全法》相关知识 3）《大型群众性活动安全管理条例》相关知识 4）《电子竞技运动项目的管理规定》相关知识 5）《电子竞技赛事管理暂行规定》相关知识 6）《信息网络传播权保护条例》相关知识 7）《互联网信息服务管理办法》相关知识 8）《互联网电子公告服务管理规定》相关知识	（1）方法：讲授法、案例教学法 （2）重点与难点：《电子竞技运动项目的管理规定》相关知识	2

续表

模块	课程	学习单元	课程内容	培训建议	课堂学时
4．计算机基础	计算机硬件构成和常见故障检修	(1)计算机硬件设备及外置设备	1)硬件设备 2)外置设备	(1)方法：讲授法、案例教学法 (2)重点与难点：计算机硬件设备及外置设备	3
		(2)计算机常见故障检修	1)计算机常见故障产生原因 2)计算机故障常见检修方法 ①硬件类故障排查及常见维修方法 ②软件类故障排查及常见解决方法 ③网络类故障排查及常见解决方法	(1)方法：讲授法、案例教学法、实训法 (2)重点：计算机故障常见检修方法 (3)难点：计算机常见故障产生原因	3
5．沟通与礼仪	5-1 沟通	沟通技巧	1)人际沟通基本原则 2)初次交往技巧 3)交谈技巧 4)非语言技巧	(1)方法：讲授法、演示法 (2)重点与难点：交谈技巧	2
	5-2 礼仪	个人礼仪	1)言行举止 2)服饰 3)公共场合人际交往礼仪 4)公共设施使用礼仪	(1)方法：讲授法、演示法 (2)重点与难点：公共场合人际交往礼仪	2
课堂学时合计					42

2.2.2 四级/中级职业技能培训课程规范

模块	课程	学习单元	课程内容	培训建议	课堂学时
1．活动策划	1-1 活动方案调研	(1)调查问卷的设计	1)调研计划的主要内容 ①调研范围和对象的筛选 ②调研项目(内容) ③调研形式 ④调研期限与进度安排	(1)方法：讲授法、案例教学法、实训法	3

续表

模块	课程	学习单元	课程内容	培训建议	课堂学时
1．活动策划	1-1　活动方案调研	（1）调查问卷的设计	2）调查问卷设计的原则 ①目的性原则 ②一般性原则 ③逻辑性原则 ④明确性原则 ⑤可接受性原则 ⑥非诱导性原则 ⑦便于整理原则	（2）重点：调查问卷设计的原则 （3）难点：设计调查问卷的步骤	
			3）设计调查问卷的步骤 ①确定调查目的 ②确定数据来源 ③确定问题的类型 ④确定问卷的编排 ⑤评价问卷 ⑥多方问询 ⑦预测试和修订 ⑧定稿		
		（2）调研资料的收集与整理	1）常用的调研资料线下收集渠道 ①相关文献 ②有关部门发布的相关资料 ③专家咨询	（1）方法：讲授法、案例教学法、实训法 （2）重点：调研资料整理的步骤	5
			2）常用的调研资料线上收集渠道 ①搜索网站 ②企业介绍网站 ③咨询分享网站 ④主流社交平台		
			3）调研资料的收集方法 ①自填问卷法 ②结构访问法		
			4）调研资料整理的原则 ①真实性 ②准确性 ③完整性 ④统一性 ⑤简明性 ⑥规范性		

续表

模块	课程	学习单元	课程内容	培训建议	课堂学时
1．活动策划	1-1　活动方案调研	（2）调研资料的收集与整理	5）调研资料整理的步骤 ①资料审核与复查 ②资料的编码 ③资料的录入 ④资料的清理	（3）难点：调研资料的收集方法	
			6）电子竞技用户的行为特征分析 ①性别分布 ②年龄分布 ③地区分布 ④学历及职业分布 ⑤经济水平分布		
			7）电子竞技用户主要聚集的平台 ①官方网站 ②社区论坛 ③新媒体平台 ④移动端 APP		
	1-2　实施方案策划	（1）活动相关材料的准备与使用	1）电子竞技活动的常见形式 ①职业赛事 ②商业赛事 ③娱乐赛事 ④电子竞技展会 ⑤主题庆典 ⑥电子竞技综艺 ⑦电子竞技公益	（1）方法：讲授法、案例教学法 （2）重点与难点：材料的准备与使用	2
			2）电子竞技活动的特色 ①竞技性 ②娱乐性 ③公平性 ④科技元素多 ⑤年轻用户占比高 ⑥用户黏性高		
			3）材料的准备与使用 ①素材的筛选与提炼 ②材料内容的有机转化 ③材料内容的压缩与拓展 ④材料内容的审定与印刷		

续表

<table>
<tr><th>模块</th><th>课程</th><th>学习单元</th><th>课程内容</th><th>培训建议</th><th>课堂学时</th></tr>
<tr><td rowspan="8">1．活动策划</td><td rowspan="8">1–2　实施方案策划</td><td rowspan="2">（2）活动要点内容的记录</td><td>1）会务工作的礼仪规范
①会前接待礼仪
②会中服务礼仪
③会后安排礼仪</td><td rowspan="2">（1）方法：讲授法、案例教学法、演示法、实训法
（2）重点：会议内容的记录
（3）难点：会务工作的礼仪规范</td><td rowspan="2">2</td></tr>
<tr><td>2）会议内容的记录
①记录方式
②基本要求
③写作技巧</td></tr>
<tr><td rowspan="6">（3）会议纪要的编写与存档</td><td>1）会议纪要的种类
①办公会议纪要
②工作会议纪要
③协调会议纪要
④研讨会议纪要</td><td rowspan="6">（1）方法：讲授法、案例教学法、实训法
（2）重点：会议纪要的整理方法
（3）难点：会议纪要的基本写法与格式</td><td rowspan="6">1</td></tr>
<tr><td>2）会议纪要的特点
①内容的纪实性
②表达的提要性
③称谓的特殊性</td></tr>
<tr><td>3）会议纪要的基本写法
①集中概述法
②分项叙述法
③发言提要法</td></tr>
<tr><td>4）会议纪要的格式
①标题
②开头
③文号格式
④制文时间
⑤正文
⑥结尾</td></tr>
<tr><td>5）会议纪要的整理方法
①做好事前准备
②忠于会议原意
③把握会议要点
④确定纪要形式
⑤加工处理文字
⑥用好规范语言</td></tr>
<tr><td>6）会议纪要的备案存档方法</td></tr>
</table>

续表

模块	课程	学习单元	课程内容	培训建议	课堂学时
1．活动策划	1-2　实施方案策划	（4）1 000人以内的赛事活动相关报批	1）各类报批所需文件的准备工作 ①承办者合法成立的证明以及安全责任人的身份证明 ②大型群众性活动方案及其说明 ③大型群众性活动安全工作方案 ④活动场所管理者同意提供活动场所的证明 ⑤大型群众性活动安全许可申请表 ⑥其他材料	（1）方法：讲授法、案例教学法 （2）重点与难点：各类报批所需文件的准备工作	1
			2）1 000人以内的赛事活动的报批流程 ①提交申请 ②材料初审 ③研究审核意见 ④责任部门审核 ⑤领取文书		
			3）活动申报表的规范填写		
	1-3　相关文案写作	（1）文字的录入	1）键盘的使用 ①键盘标准指法 ②输入法选择与练习 ③常用快捷键	（1）方法：讲授法、实训法 （2）重点与难点：键盘的使用	1
			2）其他录入工具 ①扫描仪 ②手写板 ③语音录入		
		（2）电子竞技活动文案框架的编写	1）编写电子竞技活动文案框架所需的办公软件 ①文字处理软件 ②表格制作软件	（1）方法：讲授法、案例教学法、实训法	2
			2）电子竞技活动文案的框架		

续表

模块	课程	学习单元	课程内容	培训建议	课堂学时
1．活动策划	1-3　相关文案写作	（2）电子竞技活动文案框架的编写	3）电子竞技活动文案的写作方法 ①结合用户偏好 ②结合场景代入 ③结合感性分析 ④结合理性依据 ⑤结合时事热点	（2）重点与难点：电子竞技活动文案的写作方法	
		（3）PPT汇报文件的制作	1）PPT软件的使用方法 ① PPT的新建 ②设置背景 ③内容编辑 ④插入对象 ⑤设置动画效果 ⑥文件的保存	（1）方法：讲授法、案例教学法、实训法 （2）重点与难点：PPT汇报文件的制作	3
			2）制作电子竞技活动文案PPT的布局 ①字体的选择 ②图片 ③Logo ④配色 ⑤纹理 ⑥图标 ⑦逻辑图表 ⑧视频		
			3）电子竞技活动文案PPT汇报文件的制作 ①活动提纲 ②活动开展情况 ③活动主要内容 ④活动特色		
2．活动营销	2-1　营销准备	（1）相关客户群信息的收集、记录与汇总	1）赛事活动定位的分类 ①根据电子竞技赛事项目分类 ②根据赛事规模、级别分类 ③根据其他实际情况分类	（1）方法：讲授法、案例教学法	6

续表

<table>
<tr><th>模块</th><th>课程</th><th>学习单元</th><th>课程内容</th><th>培训建议</th><th>课堂学时</th></tr>
<tr><td rowspan="7">2．活动营销</td><td rowspan="7">2-1　营销准备</td><td rowspan="3">（1）相关客户群信息的收集、记录与汇总</td><td>2）目标客户群分析
①客户群分布
②客户群联系
③客户群需求
④客户群购买能力及消费习惯</td><td rowspan="3">（2）重点：客户群信息收集方法
（3）难点：目标客户群分析</td><td rowspan="7">10</td></tr>
<tr><td>3）客户群信息收集方法
①在线访问
②表单填写
③行业内推荐</td></tr>
<tr><td>4）客户群信息记录与汇总的要求
①信息记录全面、无错漏
②内容的格式与标准统一
③简洁明了</td></tr>
<tr><td rowspan="4">（2）相关客户群信息的录入与整理</td><td>1）个人客户群信息分类的参考标准
①客户的身份信息
②客户的个人特质
③客户的消费行为</td><td rowspan="4">（1）方法：讲授法、案例教学法、实训法
（2）重点：个人和企业客户群信息分类的参考标准</td></tr>
<tr><td>2）企业客户群信息分类的参考标准
①企业的经营范围
②企业相关资质
③企业的规模与成果</td></tr>
<tr><td>3）电子文档的功能
①数据记录与整理
②数据加工与计算
③数据统计与分析
④图形报表的制作
⑤自动化管理</td></tr>
<tr><td>4）客户群信息录入方法
①文字输入
②文件导入</td></tr>
</table>

续表

模块	课程	学习单元	课程内容	培训建议	课堂学时
2．活动营销	2-1　营销准备	（2）相关客户群信息的录入与整理	5）电子文档的排版技巧 ①单元格操作 ②间隔设置 ③字体与字号 ④色彩填充与标识 ⑤边框及页面格式	（3）难点：电子文档的功能	
		（3）授权素材的合理使用	1）厂商基础授权事项 ①授权使用方式 ②授权品类 ③授权元素 ④授权地区与期限 ⑤授权性质	（1）方法：讲授法、案例教学法 （2）重点：厂商基础授权事项 （3）难点：授权素材的使用	4
			2）授权素材的使用 ①商用授权与非商用授权 ②授权素材的直接展示与使用		
			3）厂商授权素材审核的要点 ①设计图及样品审核 ②文件或数据留样 ③审查是否符合国家标准、行业标准、商业规范		
	2-2　营销实施	（1）营销资料的大批量邮寄、管理、登记	1）大批量资料的登记 ①资料登记表的制作 ②资料编号的方法 ③资料登记的核实与更新	（1）方法：讲授法、案例教学法、实训法 （2）重点：大批量资料的管理方式 （3）难点：大批量资料的登记	2
			2）大批量资料的管理方式 ①资料的印刷与统计 ②资料的装订与存放 ③电子资料的科学管理		
			3）大批量资料的邮寄 ①邮寄基础知识 ②邮寄注意事项（常见平台、时效、保密等）		

续表

模块	课程	学习单元	课程内容	培训建议	课堂学时
2．活动营销	2-2　营销实施	（2）营销活动的社交媒体应用	现代社交媒体中的营销操作 ①增加品牌的网络曝光率与流量 ②创造优质与特色内容 ③开展商业合作 ④优化用户服务	（1）方法：讲授法、案例教学法、实训法 （2）重点与难点：现代社交媒体中的营销操作	3
3．宣传推广	3-1　执行计划分析	（1）宣传推广执行计划的识读	1）归纳总结工作的方法 ①根据工作职能全面总结 ②根据工作措施总结 ③根据工作顺序总结 ④根据参与主体构思 ⑤根据所解决问题归纳	（1）方法：讲授法、案例教学法 （2）重点与难点：宣传推广执行计划的组成	4
			2）宣传推广执行计划的组成 ①总体方向 ②宣传推广目标 ③时间阶段分解 ④宣传推广方式 ⑤宣传推广渠道组合 ⑥时间节点的规划目标 ⑦宣传推广渠道的工作内容 ⑧人员安排 ⑨成本预算		
		（2）宣传推广工作的分解与实施	1）宣传推广执行工作内容的分解方法 ①时间节点分解 ②工作内容分解 ③目标分解	（1）方法：讲授法、案例教学法 （2）重点与难点：宣传推广执行工作内容的实施	3
			2）宣传推广执行工作内容的实施 ①归纳总结工作内容 ②媒体渠道联络 ③宣传材料制作		

续表

模块	课程	学习单元	课程内容	培训建议	课堂学时
3．宣传推广	3-2　官方平台宣传	（1）主流社交媒体官方平台账号的创建	1）常见的现代主流社交媒体 ①社交媒体的概念 ②传统媒体与现代社交媒体的常见类型	（1）方法：讲授法、演示法、实训法 （2）重点与难点：主流社交媒体平台账号的创建流程	4
			2）主流社交媒体平台账号的创建流程 ①微博账号创建流程 ②微信公众号创建流程 ③短视频平台账号创建流程 ④长视频平台账号创建流程		
			3）主流社交媒体平台官方账号的认证流程		
		（2）主流社交媒体客户端宣传文案的发布	1）主流社交媒体客户端的下载与安装	（1）方法：讲授法、案例教学法、实训法 （2）重点：各社交媒体客户端发布宣传文案的方法 （3）难点：主流社交媒体的选择	3
			2）主流社交媒体的选择 ①微博宣传特点 ②微信公众号宣传特点 ③短视频平台宣传特点 ④长视频平台宣传特点		
			3）各社交媒体客户端发布宣传文案的方法		
		（3）官方平台宣传素材的收集与归纳	1）常见配图素材的收集渠道 ①底图素材收集渠道 ②摄影素材收集渠道 ③模型设计与建模素材收集渠道	（1）方法：讲授法、案例教学法、实训法 （2）重点：配图素材信息检索、收集及使用的原则	4
			2）配图素材的归纳整理方法 ①根据风格分类归纳整理 ②根据用途分类归纳整理		

续表

模块	课程	学习单元	课程内容	培训建议	课堂学时
3．宣传推广	3-2　官方平台宣传	（3）官方平台宣传素材的收集与归纳	3）配图素材信息检索、收集及使用的原则 ①不包含违禁元素 ②不受版权影响 ③色调搭配统一 ④主题内容突出	（3）难点：配图素材的归纳整理方法	
			4）信息检索与收集方法 ①顺查法 ②倒查法 ③抽查法 ④追溯法 ⑤交替法 ⑥排除、限定和合取法		
		（4）官方平台的日常维护	官方平台日常维护方法 ①内容、链接功能确认 ②用户消息回复 ③粉丝互动 ④定期活动 ⑤用户反馈记录与提交	（1）方法：讲授法、案例教学法、实训法 （2）重点与难点：官方平台日常维护方法	1
	3-3　媒体渠道宣传	（1）赛事活动媒体渠道素材的收集与归纳	1）媒体渠道的类型与特点 ①传统广告媒体 ②新媒体	（1）方法：讲授法、案例教学法、实训法 （2）重点：音视频素材的整理原则 （3）难点：宣传素材的归纳整理方法	3
			2）常见宣传素材的收集渠道 ①宣传文案、材料收集渠道 ②音频素材收集渠道 ③视频素材收集渠道		
			3）宣传素材的归纳整理方法 ①根据风格分类归纳整理 ②根据用途分类归纳整理		
			4）音视频素材的整理原则 ①不包含违禁元素 ②不受版权影响 ③音视频素材氛围统一 ④主题内容突出		

续表

模块	课程	学习单元	课程内容	培训建议	课堂学时
3．宣传推广	3-3 媒体渠道宣传	（2）媒体渠道宣传内容的发布	1）确定发布时间 2）确定发布内容 3）确定推送要求	（1）方法：讲授法、案例教学法 （2）重点与难点：媒体渠道宣传内容的发布	1
		（3）媒体渠道的日常维护	1）媒体渠道日常维护方法 ①定期沟通 ②强化内容 2）媒体渠道日常维护内容 ①媒体渠道内容交接 ②媒体渠道工作进度核对 ③对接人员信息确认	（1）方法：讲授法、案例教学法 （2）重点与难点：媒体渠道日常维护内容	2
	3-4 线下活动推广	（1）线下推广活动物料的准备	1）常见的线下推广物料类型 ①常用线下推广活动设备类型 ②常用的线下推广损耗型物料类型 2）线下推广活动设备的准备原则 ①租用前进行设备质量检查 ②准备备用设备 ③设备运输注意要点 3）线下推广活动现场损耗型宣传物料的准备原则 ①价格对比 ②准备足量物料 ③准备应急补给渠道 ④回收剩余物料	（1）方法：讲授法、案例教学法 （2）重点：常见的线下推广物料类型 （3）难点：线下推广活动设备及损耗型宣传物料的准备原则	3
		（2）线下推广活动的执行	1）接待工作的执行 ①嘉宾工作人员对接 ②物料分发 ③服务指引方法	（1）方法：讲授法、案例教学法、实训法	3

续表

模块	课程	学习单元	课程内容	培训建议	课堂学时
3．宣传推广	3-4　线下活动推广	（2）线下推广活动的执行	2）场控工作的执行 ①根据活动流程设计安排人员 ②传达活动进度调整	（2）重点与难点：线下推广活动的执行方法	
			3）后勤保障工作的执行 ①设备调控方法 ②物料调控方法 ③安保对接方法 ④场地布置方法		
4．活动执行	4-1　现场观众管理	（1）现场观众进出场秩序的维持	1）观众进出场管理原则 ①注重教养 ②礼貌用语 ③尊重习俗 ④尊重隐私 ⑤特殊人士优先 ⑥安全有序	（1）方法：讲授法、案例教学法 （2）重点：观众进出场管理原则 （3）难点：观众进出场管理方法	2
			2）观众进出场管理方法 ①人墙法 ②多路引导法 ③疏散引导法		
		（2）现场观众观看秩序的维持	1）观众观赛基本秩序的维持 ①观赛手牌、标语的文明使用 ②灯光的合理使用 ③观赛声音的控制 ④观赛行为举止的文明 ⑤场地清洁的保持	（1）方法：讲授法、案例教学法、实训法 （2）重点：观众观赛基本秩序的维持 （3）难点：观众观看秩序维持基本技巧	4
			2）现场观众观看秩序维持基本技巧 ①态度和蔼，以理服人 ②先询问，再处理 ③及时提醒、纠正、制止不良行为		
		（3）现场观众咨询及投诉的接受	1）现场咨询事宜的流程 ①客户问候 ②咨询事宜记录 ③咨询事宜应答 ④客户送别	（1）方法：讲授法、演示法	3

续表

模块	课程	学习单元	课程内容	培训建议	课堂学时
4．活动执行	4-1　现场观众管理	（3）现场观众咨询及投诉的接受	2）观众投诉接受的原则 ①以诚相待原则 ②表示欢迎原则 ③换位思考原则 ④决不争辩原则	（2）重点：观众投诉接受的原则 （3）难点：观众投诉接受的方法	
			3）观众投诉接受的方法 ①接受投诉，迅速处理，决不拖延 ②平息怨气，调整自己，适应客户 ③认真分析问题，澄清事实 ④真诚感谢客户 ⑤对投诉处理结果进行跟踪		
	4-2　现场来宾管理	（1）现场选手及嘉宾信息的登记	1）选手及嘉宾信息登记方法 ①现场表格登记 ②电子签到登记（互动大屏、裸眼 3D 签到墙等）	（1）方法：讲授法、案例教学法、实训法 （2）重点与难点：选手及嘉宾信息登记表格的制作	2
			2）选手及嘉宾信息登记表格的制作 ①姓名 ②单位（俱乐部、战队） ③职务 ④联系电话 ⑤到达日期和时间		
		（2）现场选手及嘉宾的接待	1）现场选手及嘉宾接待技巧 ①接待规格与标准 ②站姿 ③坐姿 ④动姿 ⑤言谈	（1）方法：讲授法、案例教学法、演示法、实训法	6
			2）现场选手及嘉宾接待内容 ①住宿安排 ②餐饮安排 ③活动和日程安排 ④现场区域安排 ⑤车辆及交通安排		

续表

模块	课程	学习单元	课程内容	培训建议	课堂学时
4．活动执行	4–2　现场来宾管理	（2）现场选手及嘉宾的接待	3）选手及嘉宾相关物品发放 ①通行证 ②活动手册 ③其他物品	（2）重点与难点：现场选手及嘉宾接待内容	
		（3）选手及嘉宾就位引导	选手和嘉宾引导技巧 ①发放活动场地平面图 ②放置活动场地引导牌 ③播放活动场地引导视频 ④礼仪人员陪同引导	（1）方法：讲授法、演示法、实训法 （2）重点与难点：现场选手和嘉宾引导技巧	2
		（4）选手及嘉宾投诉的接受	1）选手及嘉宾投诉的接受原则 ①以诚相待原则 ②表示欢迎原则 ③换位思考原则 ④决不争辩原则	（1）方法：讲授法、案例教学法 （2）重点：选手及嘉宾投诉的接受原则 （3）难点：选手及嘉宾投诉接受方法	4
			2）选手及嘉宾投诉的接受方法 ①接受投诉，迅速处理，决不拖延 ②与战队领队或负责人及时沟通 ③认真分析问题，澄清事实 ④对投诉处理结果进行跟踪		
	4–3　现场设备管理	（1）现场设施的准备与检查	1）电子竞技活动现场设施的准备 ①信息展示和咨询设施的准备 ②前台服务设施的准备 ③休闲餐饮设施的准备 ④上网娱乐服务设施的准备 ⑤比赛服务设施的准备 ⑥互动体验设施的准备 ⑦运营管理设施的准备 ⑧公共卫生间的准备 ⑨消防设施的准备	（1）方法：讲授法、案例教学法 （2）重点：电子竞技活动现场设施的准备	8

续表

模块	课程	学习单元	课程内容	培训建议	课堂学时
4．活动执行	4-3 现场设备管理	（1）现场设施的准备与检查	2）电子竞技活动现场设施的检查 ①外观检查 ②操作测试 ③性能测试 ④故障排查	（3）难点：电子竞技活动现场设施的检查	
		（2）现场电子竞技设备的准备与检查	1）现场电子竞技设备的准备 ①对战区设备的准备 ②灯光、音响、摄影区设备的准备 ③观赛大屏的准备 ④主播间、导播间、解说间设备的准备 ⑤选手训练室设备的准备 ⑥休息室设备的准备 ⑦化妆间设备的准备	（1）方法：讲授法、案例教学法 （2）重点：现场电子竞技设备的准备 （3）难点：现场电子竞技设备的检查	8
			2）现场电子竞技设备的检查 ①外观检查 ②线路检查 ③硬件检查 ④软件检查		
	4-4 现场后勤管理	（1）后勤保障的协调处理	1）现场后勤保障相关事宜的协调原则 ①信息沟通原则 ②依赖性原则 ③及时性原则 ④随机应变原则	（1）方法：讲授法、案例教学法 （2）重点：电子竞技活动现场后勤保障内容 （3）难点：电子竞技活动现场后勤保障相关事宜的协调原则与方法	8
			2）现场后勤保障相关事宜的协调方法 ①文字协调法 ②信息沟通法 ③制度式协调法		
			3）现场后勤保障内容 ①检录报道 ②信息通信 ③设施设备 ④餐饮住宿 ⑤安保 ⑥医疗 ⑦违禁物品		

续表

模块	课程	学习单元	课程内容	培训建议	课堂学时
4．活动执行	4-4　现场后勤管理	（2）现场安全事故的处理	1）安全应急预案的识读 ①事件名称 ②上报流程 ③场景描述 ④预案依据 ⑤应对步骤 ⑥主要负责人 ⑦配合单位 ⑧资源需求	（1）方法：讲授法、案例教学法 （2）重点：安全应急预案的识读 （3）难点：电子竞技活动现场安全事故处理方法	10
			2）现场安全事故处理方法 ①选手、裁判员伤病 ②选手与工作人员发生冲突 ③选手不当行为影响比赛 ④场地、器材损坏或故障 ⑤观众滋事 ⑥不当言论横幅或手牌 ⑦恶劣天气 ⑧断电、断网事故 ⑨不可抗力事件		
		（3）现场人员的疏散	1）基本消防知识 ①《中华人民共和国消防法》 ②建筑防火基本知识 ③建筑火灾危险性分析和消防安全管理 ④建筑消防设施及其检查维护管理 ⑤初期火灾处置及人员疏散逃生 ⑥火灾事故案例分析	（1）方法：讲授法、案例教学法 （2）重点：基本消防知识	3
			2）消防技能 ①灭火器的使用方法 ②防烟面具的使用方法 ③救生绳的使用方法 ④消防防火毯的使用方法 ⑤手动火灾报警按钮		

续表

模块	课程	学习单元	课程内容	培训建议	课堂学时
4．活动执行	4-4　现场后勤管理	（3）现场人员的疏散	3）消防疏散预案的识读 ①组织指挥机构 ②报警和接警处置程序 ③应急疏散的组织程序和措施 ④扑救初起火灾的程序和措施 ⑤通信联络、安全救护的程序和措施	（3）难点：电子竞技活动现场消防疏散方法	
			4）电子竞技活动现场消防疏散方法 ①疏散通报 ②稳定情绪 ③疏散引导		
课堂学时合计					136

2.2.3　三级／高级职业技能培训课程规范

模块	课程	学习单元	课程内容	培训建议	课堂学时
1．活动策划	1-1　活动方案调研	（1）调研计划的拟订	1）调研计划的制订方法	（1）方法：讲授法、案例教学法、实训法 （2）重点与难点：调研计划的制订	2
			2）调研计划的主要内容 ①调研范围与对象 ②调研项目（内容） ③调研形式 ④期限与进度安排		
			3）撰写调研计划		
		（2）调研任务实施方案的设计	1）调研任务实施方案的主要内容 ①岗位设置 ②人员培训 ③任务分配 ④经费预算 ⑤数据处理和分析	（1）方法：讲授法、案例教学法 （2）重点与难点：调研任务实施方案的主要内容	2
			2）撰写调研任务实施方案		

续表

模块	课程	学习单元	课程内容	培训建议	课堂学时
1．活动策划	1-1　活动方案调研	（3）调研资料的鉴定筛选、汇总与分析	1）调研资料的鉴定筛选 ①选择筛选条件与依据 ②根据筛选条件，进行提取	（1）方法：讲授法、案例教学法 （2）重点：调研资料的鉴定筛选 （3）难点：调研资料的分析方法	3
			2）调研资料的汇总 ①汇总的工具 ②汇总的方法		
			3）调研资料的分析方法 ①定性分析法 ②定量分析法 ③混合分析法		
	1-2　实施方案策划	（1）电子竞技赛事活动的实施	1）电子竞技赛事活动实施方案的主要内容 ①确定电子竞技活动的实施流程（rundown 表的制作） ②选择活动场地 ③确定选手及嘉宾，并发出邀约 ④准备活动物品 ⑤人员安排、会场布置 ⑥各项准备工作的检查 ⑦活动进程的推进计划（甘特图的制作） ⑧活动收尾计划	（1）方法：讲授法、案例教学法 （2）重点与难点：电子竞技赛事活动实施方案的主要内容	4
			2）电子竞技赛事活动的实施流程 ①观众入场 ②赛事活动开幕 ③选手入场 ④赛事进行 ⑤观众互动 ⑥赛事活动闭幕 ⑦人员退场		
			3）电子竞技赛事活动直转播应用 ①应用场景 ②常用设备 ③直转播流程		

续表

模块	课程	学习单元	课程内容	培训建议	课堂学时
1．活动策划	1-2　实施方案策划	（2）新闻发布会的实施	1）新闻发布会实施方案的主要内容 ①确定发布会主题 ②确定发布会时间、地点 ③确定发布会流程 ④确定参会者，并发出媒体邀约 ⑤准备媒体打包材料 ⑥人员安排、会场布置 ⑦检查各项准备工作 ⑧发布会举行 ⑨发布会效果复盘	（1）方法：讲授法、案例教学法 （2）重点：新闻发布会的实施流程 （3）难点：新闻发布会实施方案的主要内容	4
			2）新闻发布会的实施流程 ①记者入场 ②媒体打包材料 ③新闻发布会举行 ④采访环节 ⑤发布会散场		
			3）新闻发布会的现场互动 ①官方发言 ②问答互动 ③影像放映		
			4）新闻发布的传播方式 ①电视媒体直播 ②网络平台直播 ③新媒体文字直播 ④流媒体传播 ⑤短视频发布 ⑥纸媒传播 ⑦广播电台传播 ⑧网络录播		
		（3）相关论坛的实施	1）论坛的类型与特点 ①线下论坛的类型与特点 ②线上论坛的类型与特点	（1）方法：讲授法、案例教学法	5

续表

模块	课程	学习单元	课程内容	培训建议	课堂学时
1．活动策划	1-2 实施方案策划	（3）相关论坛的实施	2）线下论坛实施方案的主要内容 ①确定线下论坛主题 ②确定线下论坛时间、地点 ③确定线下论坛流程 ④确定参与者，并发出邀约 ⑤准备论坛打包材料 ⑥人员安排、会场布置 ⑦检查各项准备工作 ⑧线下论坛开展 ⑨线下论坛后续跟踪与报道	（2）重点：线下论坛的实施流程 （3）难点：线下论坛实施方案的主要内容	
			3）线下论坛的实施流程 ①人员入场 ②论坛进行 ③休息茶歇 ④论坛总结 ⑤论坛散场		
			4）线上论坛实施方案的主要内容 ①确定线上论坛主题 ②确定线上论坛平台 ③确定人员安排 ④检查各项准备工作 ⑤线上论坛开展 ⑥线上论坛后续跟踪与报道		
			5）线上论坛的实施流程 ①选择板块 ②发布内容 ③实时互动 ④筛选并记录 ⑤整理并总结		
		（4）1 000~5 000人赛事活动的报批	1）报批所需文件 ①承办者合法成立的证明以及安全责任人的身份证明 ②大型群众性活动方案及其说明	（1）方法：讲授法、案例教学法	2

续表

<table>
<tr><th>模块</th><th>课程</th><th>学习单元</th><th>课程内容</th><th>培训建议</th><th>课堂学时</th></tr>
<tr><td rowspan="8">1．活动策划</td><td rowspan="3">1-2 实施方案策划</td><td rowspan="3">(4) 1 000~5 000 人赛事活动的报批</td><td>③大型群众性活动安全工作方案
④活动场所管理者同意提供活动场所的证明
⑤大型群众性活动安全许可申请表
⑥其他材料</td><td rowspan="3">（2）重点与难点：活动报批所需文件</td><td rowspan="3"></td></tr>
<tr><td>2）1 000～5 000 人的赛事活动报批流程
①提交申请
②材料初审
③研究审核意见
④责任部门审核
⑤领取文书</td></tr>
<tr><td>3）活动申报表的规范填写</td></tr>
<tr><td rowspan="5">1-3 相关文案写作</td><td rowspan="3">（1）电子竞技活动计划书的编写</td><td>1）电子竞技活动计划书的格式要求
①封面
②目录
③摘要
④正文
⑤落款</td><td rowspan="3">（1）方法：讲授法、案例教学法、实训法
（2）重点与难点：电子竞技活动计划书的主要内容</td><td rowspan="3">2</td></tr>
<tr><td>2）电子竞技活动计划书的主要内容
①活动目的
②活动主题
③活动组织
④活动时间
⑤进程安排
⑥活动地点
⑦资源需要</td></tr>
<tr><td>3）撰写电子竞技活动计划书</td></tr>
<tr><td>（2）电子竞技赛事竞赛规程的编写</td><td>1）制定电子竞技赛事竞赛规程的原则
①完整性
②可行性
③公平性
④相对稳定性</td><td>（1）方法：讲授法、案例教学法、实训法</td><td>2</td></tr>
</table>

续表

<table>
<tr><th>模块</th><th>课程</th><th>学习单元</th><th>课程内容</th><th>培训建议</th><th>课堂学时</th></tr>
<tr><td rowspan="5">1. 活动策划</td><td rowspan="5">1-3 相关文案写作</td><td>（2）电子竞技赛事竞赛规程的编写</td><td>2）电子竞技赛事竞赛规程的主要内容
①竞赛名称
②竞赛时间、地点和举办单位
③竞赛项目和组别
④参加单位和各单位参加的人数
⑤竞赛办法
⑥竞赛规则
⑦录取名次与奖励
⑧报名办法
⑨抽签事宜
⑩其他事项</td><td>（2）重点与难点：电子竞技赛事竞赛规程的主要内容</td><td></td></tr>
<tr><td rowspan="2">（3）赛事相关活动方案的编写</td><td>1）赛事相关活动的种类
①电子竞技赛事艺术表演活动
②新闻采访活动
③线下见面会
④电子竞技赛事周边营销活动</td><td rowspan="2">（1）方法：讲授法、案例教学法、实训法
（2）重点与难点：赛事相关活动方案的编写</td><td rowspan="2">2</td></tr>
<tr><td>2）赛事相关活动方案的编写
①活动方案结构的确认
②活动方案格式的编排
③活动方案内容的填充</td></tr>
<tr><td rowspan="2">（4）新闻稿的写作</td><td>1）新闻稿的写作原则
①真实性
②时新性
③思想性
④简明性</td><td rowspan="2">（1）方法：讲授法、案例教学法、实训法</td><td rowspan="2">3</td></tr>
<tr><td>2）新闻稿的结构
①标题
②导语
③主体
④背景
⑤结语</td></tr>
</table>

续表

模块	课程	学习单元	课程内容	培训建议	课堂学时
1．活动策划	1–3　相关文案写作	（4）新闻稿的写作	3）新闻稿的常用格式 ①倒金字塔式 ②正金字塔式 ③折中式 ④平铺直叙式	（2）重点：新闻稿的写作原则 （3）难点：新闻稿的结构与常用格式	
			4）主持稿的结构 ①开场白 ②中间内容 ③结束语		
			5）解说稿的结构 ①赛事介绍 ②赞助商口播		
2．活动营销	2–1　营销准备	（1）赞助权益的梳理	电子竞技赛事常见赞助权益 ①名称与称号 ②场地权益 ③知识产权权益 ④媒体权益 ⑤宣传推广权益 ⑥礼遇权益 ⑦拓展权益	（1）方法：讲授法、案例教学法 （2）重点与难点：电子竞技赛事常见赞助权益	3
		（2）工作计划的制订	1）营销计划的主要内容 ①项目背景 ② SWOT 分析 ③策划目标 ④营销策略 ⑤行动方案	（1）方法：讲授法、案例教学法、实训法 （2）重点：营销工作内容的要求 （3）难点：工作计划制订流程	5
			2）营销工作内容的要求 ①工作的分工与完成标准 ②工作任务质量与时间要求 ③营销效果的监测与评估		
			3）工作计划制订流程 ①陈述任务 ②明确责任与目标 ③拟订工作策略 ④寻找必要资源 ⑤沟通并颁布计划		

续表

模块	课程	学习单元	课程内容	培训建议	课堂学时
2．活动营销	2-1　营销准备	（3）营销实施资料的汇总与整理	1）营销实施资料来源 ①企业介绍手册 ②宣讲方案 ③合作商目录 ④其他资料	（1）方法：演示法、讲授法、实训法 （2）重点：营销实施资料来源的汇总 （3）难点：营销实施资料的整理方法	3
			2）营销实施资料的整理方法 ①按资料的内容和级别进行分类 ②对分类资料进行编码或标注 ③为分类资料制作档案信息表		
		（4）邀请函的撰写	邀请函撰写要求 ①设计文本格式 ②注意书面用语 ③称谓与表述使用 ④排版美观得体	（1）方法：讲授法、案例教学法、实训法 （2）重点：邀请函撰写要求	2
	2-2　营销实施	（1）电子竞技活动产品的电话销售	1）电话销售沟通话术的类型 ①请教式提问 ②引导式提问 ③建议式提问 ④探求式提问 ⑤肯定式提问	（1）方法：演示法、讲授法、实训法 （2）重点：电话销售沟通话术 （3）难点：电子竞技活动产品的优劣势研究	5
			2）电话销售沟通的时间管理技巧 ①初次沟通技巧 ②多次回访技巧		
			3）电子竞技活动产品的优劣势研究 ①优势归纳 ②劣势回避		
			4）电话销售沟通内容的编排		

续表

模块	课程	学习单元	课程内容	培训建议	课堂学时
2．活动营销	2-2 营销实施	（2）客户拜访方案的制定	1）客户信息的确认 ①使用互联网进行信息查找 ②业内人士咨询 ③实地接触 2）双方业务合作方向分析 ①合作项统计 ②合作项可行性分析 3）客户拜访技巧 ①拜访准备 ②拜访形式 ③拜访日仪表规范 ④拜访日登门礼节 4）业务洽谈方案的撰写	（1）方法：讲授法、案例教学法、实训法 （2）重点：双方业务合作方向的分析 （3）难点：客户拜访技巧	6
		（3）赛事活动的宣讲	1）潜在合作商类型 ①设施设备供应商 ②技术服务商 ③快消品供应商 ④餐饮零售商 ⑤媒体渠道商 ⑥其他组织与机构 2）赛事活动宣讲的流程 ①开场 ②互动 ③产品介绍 ④宣讲总结 3）赛事活动宣讲方法与技巧 ①文稿中标题、短语的写作技巧 ②现场个人表达技巧 4）赛事活动宣讲中业务展示的方法 ①案例介绍（视频、图文） ②名人演讲 ③数据报表	（1）方法：演示法、案例教学法、讲授法，实训法 （2）重点：活动宣讲的流程	6

续表

模块	课程	学习单元	课程内容	培训建议	课堂学时
2．活动营销	2-2　营销实施	（3）赛事活动的宣讲	5）赛事活动宣讲注意事项 ①赛事活动宣讲在整体活动中的时间及场地规划 ②活动宣讲的低成本控制 ③活动宣讲后的客户追踪	（3）难点：赛事活动宣讲的实际技巧	
		（4）营销活动的组织	1）组织营销活动的流程 ①活动开幕及主持 ②活动议程推进 ③活动闭幕 ④活动记录及总结	（1）方法：讲授法、案例教学法、实训法 （2）重点：组织营销活动的流程 （3）难点：组织营销活动的方法与技巧	6
			2）组织营销活动的方法与技巧 ①任务的分工 ②服务和接待标准的设置 ③场地的规划布置		
			3）潜在合作商参与营销活动的方式 ①邀请潜在合作商参加电子竞技现场活动 ②邀请潜在合作商参加业务会议或专题庆典 ③邀请潜在合作商进行业务洽谈		
			4）营销活动注意事项 ①营销活动的选择与筹备 ②营销活动的开展与维护 ③营销活动中的客户关注 ④营销活动后的客户追踪		
3．宣传推广	3-1　执行计划制订	（1）宣传推广方案的识读	宣传推广方案的内容结构 ①宣传推广方案的阶段划分 ②宣传推广方案的各阶段推广方式	（1）方法：讲授法、案例教学法、实训法 （2）重点与难点：宣传推广方案的内容结构	1

续表

模块	课程	学习单元	课程内容	培训建议	课堂学时
3．宣传推广	3-1　执行计划制订	（2）工作内容的分解与宣传推广执行计划的制订	1）宣传推广工作的阶段 ①预热阶段 ②活动阶段 ③总结阶段	（1）方法：演示法、讲授法、实训法 （2）重点：宣传推广执行计划的制订 （3）难点：宣传推广工作的内容	5
			2）宣传推广工作的内容 ①宣传材料准备 ②新闻、媒体广告宣传 ③直转播 ④媒体报道 ⑤开展推广活动 ⑥工作总结		
			3）宣传推广执行计划的制订 ①宣传推广执行计划整体框架 ②项目阶段时间节点划分 ③各阶段内宣传推广方式安排 ④工作内容安排 ⑤人员分配 ⑥费用预算		
	3-2　官方平台宣传	（1）主流社交媒体官方平台的创建	1）官方网站的创建	（1）方法：演示法、讲授法、实训法 （2）重点与难点：主流社交媒体官方平台的创建技巧	1
			2）官微及超话的创建		
			3）公众号及小程序的创建		
		（2）官方平台宣传文案的编写	1）赛事活动官方平台宣传文案的结构 ①赛事活动介绍 ②赛事活动规程	（1）方法：讲授法、案例教学法、实训法 （2）重点与难点：赛事活动官方平台宣传文案的写作要点	2
			2）赛事活动官方平台宣传文案的写作要点 ①确认文案写作框架 ②内容准确规范、点明主题 ③语言准确精炼，通俗易懂 ④注意事项		
			3）编写赛事活动官方平台宣传文案		

续表

模块	课程	学习单元	课程内容	培训建议	课堂学时
3．宣传推广	3-2 官方平台宣传	(3) 赛事活动官方平台宣传配图的制作	1）常见的图片处理软件 2）赛事活动宣传配图的制作方法 ①配图素材的拼合 ②配图素材调整	(1) 方法：演示法、讲授法、实训法 (2) 重点与难点：赛事活动宣传配图的制作方法	3
		(4) 官方平台的综合维护与异常处理	1）官方平台综合维护的原则 ①保持整体内容结构一致 ②保持同一领域更新 ③保持更新频率及互动频率 ④尊重他人知识产权 ⑤遵守相关法律法规 ⑥遵守平台相关规定 2）官方平台综合维护的方法 ①用户反馈查阅 ②问题反馈解答 ③内容复核 ④注意维护频率 3）常见的官方平台异常问题 ①内容异常 ②账号异常 4）官方平台宣传异常的处理方法 ①内容复核及重新发布 ②账号问题处理及对接 ③处理过程记录归档	(1) 方法：演示法、讲授法、实训法 (2) 重点：官方平台宣传异常的处理方法 (3) 难点：官方平台综合维护的方法	3
	3-3 媒体渠道宣传	(1) 赛事活动媒体渠道宣传文案的编写	1）赛事活动媒体渠道宣传文案的结构 ①赛事活动介绍 ②赛事活动规程 ③媒体合作内容	(1) 方法：讲授法、案例教学法、实训法	2

续表

模块	课程	学习单元	课程内容	培训建议	课堂学时
3．宣传推广	3–3　媒体渠道宣传	（1）赛事活动媒体渠道宣传文案的编写	2）赛事活动媒体渠道宣传文案的写作要点 ①确认文案写作框架与逻辑 ②内容围绕主题引导用户 ③语言易懂且适当修饰 ④注意事项	（2）重点与难点：赛事活动媒体渠道宣传文案的写作要点	
			3）编写赛事活动媒体渠道宣传文案		
		（2）赛事活动媒体渠道宣传材料的制作与音视频内容的发布	1）媒体宣传图片的制作方法 ①图片素材的拼合 ②图片素材的调整	（1）方法：演示法、讲授法、实训法 （2）重点与难点：媒体宣传渠道的音视频制作	8
			2）视频剪辑软件的使用方法 ①常用视频剪辑软件 ②基础剪辑方法 ③特效处理方法		
			3）媒体宣传渠道的音视频制作 ①视频整体风格调整 ②视频长短和格式 ③音频内容搭配选择		
			4）宣传媒体渠道音视频内容的发布 ①发布工作对接 ②音视频内容交接		
		（3）媒体渠道的综合维护与异常情况处理	1）媒体渠道的综合维护方法 ①媒体渠道对接 ②媒体渠道内容复核 ③注意对接频率	（1）方法：演示法、讲授法 （2）重点：媒体渠道宣传异常的处理方法	2
			2）媒体渠道的综合维护原则 ①保持与媒体渠道的信息交换 ②尊重他人知识产权 ③遵守相关法律法规 ④遵守平台相关规定		

续表

模块	课程	学习单元	课程内容	培训建议	课堂学时
3．宣传推广	3-3　媒体渠道宣传	（3）媒体渠道的综合维护与异常情况处理	3）常见媒体渠道宣传异常问题 ①内容异常 ②传播异常	（3）难点：媒体渠道的综合维护方法	
			4）媒体渠道宣传异常的处理方法 ①内容复核修改 ②媒体渠道对接处理 ③处理过程记录归档		
	3-4　线下活动推广	（1）线下推广活动的组织	1）人员物资等要素确定	（1）方法：讲授法、案例教学法 （2）重点与难点：线下推广活动的组织	3
			2）场地流程等要素确定		
			3）经费预估与使用		
			4）报名渠道通知扩散		
			5）宣传内容对接		
			6）安全隐患预估		
		（2）线下推广活动现场异常情况的处理	1）线下推广组织执行常见异常情况 ①人员意外脱岗 ②物资运输及数量异常 ③现场设备异常 ④流程进度异常 ⑤安全异常	（1）方法：讲授法、案例教学法 （2）重点与难点：线下推广活动组织执行异常情况的处理方法	3
			2）线下推广活动组织执行异常情况的处理方法 ①替补人员储备及人员调配 ②物资应急补充 ③现场设备调试及更换 ④流程进度调整 ⑤人员疏散 ⑥医务组应急处理及送治		
4．活动执行	4-1　现场观众管理	（1）现场观众的例行巡检	1）现场观众巡检事宜 ①观众人身安全 ②观众财产安全 ③场地卫生	（1）方法：讲授法、案例教学法	3
			2）巡检路线及频次		

续表

模块	课程	学习单元	课程内容	培训建议	课堂学时
4．活动执行	4-1　现场观众管理	（1）现场观众的例行巡检	3）对讲机的使用 ①频道式（信道式）对讲机的使用 ②频率式对讲机的使用	（2）重点：现场观众巡检事宜 （3）难点：对讲机的使用	
			4）巡检记录 ①日常情况登记 ②异常情况汇报		
		（2）现场观众管理细则的制定	1）电子竞技赛事活动服务管理技巧 ①服务沟通技巧 ②团队合作技巧 ③服务应变技巧 ④服务心理调节	（1）方法：讲授法、案例教学法 （2）重点：现场观众进出场管理细则 （3）难点：现场观众观看管理细则	3
			2）现场观众管理原则 ①耐心指导 ②冷静对待 ③公平公正 ④严格按章管理		
			3）现场观众进出场管理细则 ①安检 ②票务审查 ③现场通道管理		
			4）现场观众观看管理细则 ①秩序维护 ②卫生管理		
		（3）现场观众投诉处理办法的制定	1）投诉处理原则 ①换位思考 ②决不争辩 ③满足需求 ④迅速解决 ⑤公平公正 ⑥实事求是 ⑦专人负责 ⑧坚定立场 ⑨决不损害赛事方利益	（1）方法：讲授法、案例教学法 （2）重点：投诉处理原则	3

续表

模块	课程	学习单元	课程内容	培训建议	课堂学时
4．活动执行	4-1　现场观众管理	（3）现场观众投诉处理办法的制定	2）常见投诉类型及处理办法 ①服务态度投诉处理办法 ②服务质量投诉处理办法 ③卫生投诉处理办法 ④设施设备投诉处理办法 ⑤突发性事件投诉处理办法	（3）难点：常见投诉类型及处理办法	
		（4）现场观众投诉的处理	1）投诉处理流程 ①接受投诉信息 ②真诚道歉 ③寻求最佳解决方案 ④达成协议 ⑤采取快速行动 ⑥持续跟进	（1）方法：讲授法、案例教学法 （2）重点：投诉处理流程 （3）难点：投诉处理技巧	3
			2）投诉处理技巧 ①语言技巧 ②接待技巧 ③处理升级投诉的技巧		
		（5）现场观众异常情况的处理	1）异常情况处理的原则 ①客户至上 ②冷静对待，理性克制 ③严守条令秩序 ④及时沟通与汇报	（1）方法：讲授法、案例教学法 （2）重点：异常情况处理的原则 （3）难点：常见异常情况及处理办法	3
			2）常见异常情况及处理办法 ①行为异常处理办法 ②情绪异常处理办法		
	4-2　现场来宾管理	（1）现场选手和嘉宾的例行巡检	1）现场选手和嘉宾巡检事宜	（1）方法：讲授法、案例教学法 （2）重点：现场选手和嘉宾巡检事宜 （3）难点：现场选手和嘉宾巡检情况的记录	3
			2）巡检路线及频次		
			3）现场选手和嘉宾巡检情况的记录 ①日常情况登记 ②异常情况汇报		

续表

模块	课程	学习单元	课程内容	培训建议	课堂学时
4．活动执行	4-2　现场来宾管理	（2）现场嘉宾管理细则的制定	1）现场嘉宾管理原则 ①耐心指导 ②冷静对待 ③公平公正 ④严格按章管理	（1）方法：讲授法、案例教学法 （2）重点：现场嘉宾管理细则 （3）难点：现场嘉宾管理技巧	3
			2）现场嘉宾管理技巧 ①及时确认嘉宾情况 ②实时跟进前、后台进度情况 ③及时传递信息		
			3）现场嘉宾管理细则		
		（3）现场选手管理手册的制定	1）现场选手管理原则	（1）方法：讲授法、案例教学法 （2）重点：现场选手管理原则 （3）难点：现场选手管理手册内容	3
			2）现场选手管理手册内容 ①赛制及日程 ②比赛规则 ③违规行为及处罚 ④药检规范		
		（4）现场选手和嘉宾投诉处理办法的制定	1）投诉处理原则 ①态度和蔼原则 ②公平公正原则 ③实事求是原则 ④处理迅速原则 ⑤专人专项原则	（1）方法：讲授法、案例教学法 （2）重点：投诉处理原则 （3）难点：常见投诉类型及处理办法	4
			2）常见投诉类型及处理办法 ①服务投诉处理办法 ②工作环境投诉处理办法 ③工作流程投诉处理办法 ④设施设备投诉处理办法 ⑤突发性事件投诉处理办法 ⑥赛事监管投诉处理办法		

续表

模块	课程	学习单元	课程内容	培训建议	课堂学时
4．活动执行	4-2 现场来宾管理	（5）选手及嘉宾投诉的处理	1）投诉处理流程 ①接受投诉信息 ②寻求最佳解决方案 ③采取快速行动 ④持续跟进 2）投诉处理技巧 ①处理投诉的语言技巧 ②沟通技巧 ③处理升级投诉的技巧	（1）方法：讲授法、案例教学法 （2）重点：投诉处理流程 （3）难点：投诉处理技巧	4
		（6）选手及嘉宾异常情况的处理	1）异常情况处理的原则 ①活动为主 ②冷静对待，理性克制 ③严守规定和秩序 ④及时沟通与汇报 2）常见异常情况及处理办法 ①行为异常处理办法 ②情绪异常处理办法	（1）方法：讲授法、案例教学法 （2）重点：异常情况处理的原则 （3）难点：常见异常情况及处理办法	3
	4-3 现场设备管理	（1）现场设施设备的例行巡检	1）巡检内容 ①设施设备外观及清洁 ②设施设备试运行 ③设施设备功能调节 2）巡检路线及频次 3）现场设施设备巡检情况的记录 ①日常情况登记 ②异常情况汇报	（1）方法：讲授法、案例教学法 （2）重点：巡检内容 （3）难点：现场设施设备巡检情况的记录	2
		（2）现场设施管理细则的制定	1）设施设备的使用 ①设备使用说明 ②设备使用规范 2）设施设备的检查与保养 ①设施设备检查 ②设施设备保养 3）设施设备的维修 ①维修原则 ②维修类型	（1）方法：讲授法、案例教学法 （2）重点：设施设备的使用	3

续表

模块	课程	学习单元	课程内容	培训建议	课堂学时
4．活动执行	4-3　现场设备管理	（2）现场设施管理细则的制定	4）设施设备的安全防护 ①防护设施 ②防护操作	（3）难点：设施设备事故处理	
			5）设施设备事故处理 ①一般事故处理 ②重大事故处理		
			6）罚则 ①经济处罚 ②追究法律责任		
		（3）现场设施设备异常情况的处理	1）常见异常情况类型 ①照明系统异常 ②供电系统异常 ③暖通系统异常 ④影音播放系统异常 ⑤智能设施异常 ⑥消防设施异常 ⑦通道设施异常 ⑧电子竞技设备异常 ⑨其他设施设备异常	（1）方法：讲授法、案例教学法 （2）重点：异常情况类型 （3）难点：常见异常情况的处理方法	2
			2）常见异常情况的处理方法 ①确认设施设备异常类型 ②联系相关维修人员 ③设施设备异常情况的处理汇报		
	4-4　现场后勤管理	（1）赛事活动现场的安全巡检	1）现场安全隐患排查 ①临时建筑质量检查 ②电气设备的检查	（1）方法：讲授法、案例教学法 （2）重点：现场安全隐患排查 （3）难点：安全设施隐患排查	2
			2）安全设施隐患排查 ①疏散通道排查 ②消防设施设备排查		
		（2）活动现场安全应急管理细则和消防管理细则的制定	1）现场后勤管理技巧 ①管理模式的规范化 ②管理工作的合理化 ③管理体系的完善化 ④联系实际开展工作	（1）方法：讲授法、案例教学法 （2）重点：活动现场消防管理细则	3

续表

模块	课程	学习单元	课程内容	培训建议	课堂学时
4．活动执行	4–4　现场后勤管理	（2）活动现场安全应急管理细则和消防管理细则的制定	2）活动现场安全应急管理细则 ①组织与职责 ②应急准备 ③应急响应和救援 ④应急状态终止 ⑤奖惩	（3）难点：活动现场安全应急管理细则	
			3）活动现场消防管理细则 ①火灾预防 ②消防组织 ③火灾扑救 ④消防监督 ⑤奖励与惩罚		
		（3）现场异常情况的处理	1）食宿异常处理办法	（1）方法：讲授法、案例教学法 （2）重点与难点：现场异常情况的处理	3
			2）医疗异常处理办法		
			3）交通异常处理办法		
			4）安全保洁异常处理办法		
			5）外联异常处理办法		
			6）电力、网络异常处理办法		
			7）物资异常处理办法		
			8）财务异常处理办法		
			9）天气异常处理办法		
课堂学时合计					150

2.2.4　二级 / 技师职业技能培训课程规范

模块	课程	学习单元	课程内容	培训建议	课堂学时
1．活动策划	1–1　活动方案调研	（1）调研范围与对象的选择	1）调研范围的选择技巧 ①根据地理位置选择 ②根据电子竞技活动规模确定	（1）方法：讲授法、案例教学法、实训法	2

续表

模块	课程	学习单元	课程内容	培训建议	课堂学时
1．活动策划	1-1　活动方案调研	（1）调研范围与对象的选择	2）调研对象的选择技巧 ①根据年龄选择 ②根据性别选择 ③根据受教育水平选择 ④根据经济水平选择 ⑤根据历史风俗选择 ⑥根据职业选择	（2）重点：调研范围的选择技巧 （3）难点：调研对象的选择技巧	
		（2）调研内容的确定	1）调研内容 ①目标市场 ②产品服务 ③消费者 ④竞争对手 ⑤营销环境 ⑥广告效果	（1）方法：讲授法、案例教学法 （2）重点：调研内容的确定 （3）难点：调研内容的确定方法	2
			2）调研内容的确定方法 ①综合评价法 ②专家调查法 ③层次分析法		
		（3）调研方法	1）实地调研法	（1）方法：讲授法、案例教学法、实训法 （2）重点与难点：调研方法	2
			2）问卷调研法		
			3）抽样调研法		
			4）会议调研法		
			5）访谈调研法		
			6）文献调研法		
		（4）调研方案的撰写	1）调研方案的概念	（1）方法：讲授法、案例教学法、实训法 （2）重点与难点：调研方案的主要内容	2
			2）调研方案的作用 ①对调研工作的统筹规划 ②指导调研计划的制订 ③指导调查问卷的编制		
			3）调研方案的主要内容 ①调研背景 ②调研目的 ③调研范围与对象 ④调研机构人员组成 ⑤调研项目（内容） ⑥调研形式 ⑦调研时间 ⑧经费预算		

续表

模块	课程	学习单元	课程内容	培训建议	课堂学时
1．活动策划	1–2　活动整体策划	（1）电子竞技活动战略规划的制定	1）战略规划的定义	（1）方法：讲授法、案例教学法、实训法 （2）重点：战略规划的组成 （3）难点：战略分析的常用模型	4
			2）战略规划的组成 ①方向和目标 ②约束和政策 ③计划和指标		
			3）战略分析的常用模型 ① SWOT 分析模型 ② SPACE 矩阵 ③ SCP 分析模型		
			4）制定战略规划的方法 ①领导层授意，自上而下逐级制定 ②自下而上，以事业单位为核心制定 ③领导层建立规划部门，由规划部门制定 ④委托负责、守信、权威的咨询机构制定 ⑤企业与咨询机构合作制定		
		（2）电子竞技活动组织规划的制定	1）形式组织结构的构成 ①主办单位 ②承办单位 ③协办单位 ④支持单位	（1）方法：讲授法、案例教学法、实训法 （2）重点：组织的规划方法与技巧	3
			2）运行组织结构的构成 ①活动组织委员会 ②专业委员会		
			3）影响组织规划的因素 ①战略与结构 ②规模与结构 ③技术与结构 ④环境的不确定性 ⑤组织发展阶段		
			4）组织规划的步骤 ①职务的分析与设计 ②部门划分 ③形成组织的结构 ④反馈和修正		

续表

模块	课程	学习单元	课程内容	培训建议	课堂学时
1．活动策划	1-2　活动整体策划	（2）电子竞技活动组织规划的制定	5）组织的规划方法与技巧 ①工作专门化 ②部门化 ③指挥链 ④管理跨度 ⑤集权和分权 ⑥正规化	（3）难点：影响组织规划的因素	
		（3）电子竞技活动总体方案的撰写	1）电子竞技活动总体方案的内容 ①时间、地点及设施 ②活动形式及技术要求 ③经费预算 ④参演人员及嘉宾 ⑤活动总体流程策划 ⑥活动宣传媒介 ⑦商务合作	（1）方法：讲授法、案例教学法、实训法 （2）重点：电子竞技活动总体方案的撰写方法 （3）难点：常用电子竞技活动总体方案的撰写技巧	3
			2）电子竞技活动总体方案的格式 ①背景 ②主题 ③活动目的 ④活动时间 ⑤活动地点 ⑥人员安排 ⑦奖项设置 ⑧活动流程 ⑨应急处理		
			3）电子竞技活动总体方案的撰写方法 ①构思 ②提纲 ③讨论 ④编撰		
			4）常用电子竞技活动总体方案的撰写技巧 ①认真分析活动需求 ②参考优秀模板 ③日常积累素材 ④积累撰写经验 ⑤根据反馈持续改进		

续表

模块	课程	学习单元	课程内容	培训建议	课堂学时
1．活动策划	1–3　实施方案策划	（1）电子竞技活动整体流程方案的策划	1）电子竞技活动整体方案的内容 ①电子竞技活动背景与目标描述 ②电子竞技活动时间安排 ③电子竞技活动现场布置方案和场务人员安排 ④电子竞技活动硬件设备和活动软件选择 ⑤电子竞技活动环节安排 ⑥奖项及奖品安排 ⑦费用预算 ⑧注意事项	（1）方法：讲授法、案例教学法、实训法 （2）重点与难点：电子竞技活动整体流程方案的策划方法	2
			2）电子竞技活动整体流程方案的策划方法 ①移植法 ②重点法 ③组合法 ④分解法		
		（2）电子竞技赛事开幕式、闭幕式实施流程的制定	1）电子竞技赛事开幕式的主要内容 ①开场表演 ②主持人开场白 ③选手、教练入场 ④选手、教练介绍	（1）方法：讲授法、案例教学法、实训法 （2）重点与难点：电子竞技赛事开幕式、闭幕式的主要内容	1
			2）电子竞技赛事闭幕式的主要内容 ①比赛结果的宣布 ②颁奖仪式 ③选手、教练退场 ④闭幕表演 ⑤相关赛事预告		
		（3）财务预算方案的制定	1）财务预算的组成 ①现场费用预算 ②活动技术费用预算 ③活动营销费用预算 ④活动 ROI 投资回报率计算	（1）方法：讲授法、案例教学法、实训法	4

续表

模块	课程	学习单元	课程内容	培训建议	课堂学时
1．活动策划	1–3　实施方案策划	（3）财务预算方案的制定	2）财务预算方案的格式 ①方案名称 ②执行与监督部门 ③目的 ④适用范围 ⑤术语解释 ⑥预算方案编制说明 ⑦组织机构和职责分配 ⑧预算编制 ⑨预算控制与差异分析 ⑩预算考核与激励	（2）重点与难点：财务预算方案的制定步骤	
			3）常见的财务预算方案 ①现金预算方案 ②损益预算方案 ③项目支出预算方案 ④宣传成本预算方案		
			4）财务预算方案的制定步骤		
		（4）风险预测与控制要点的提出	1）常见风险类型 ①政策风险 ②财务风险 ③技术风险 ④市场风险 ⑤管理风险 ⑥法律风险	（1）方法：讲授法、案例教学法、实训法 （2）重点：风险预案的编制要点 （3）难点：风险预测及控制要点	2
			2）风险预测及控制要点 ①风险预测方法 ②常见的风险控制要点		
			3）风险预案的编制要点		
		（5）5 000人以上赛事相关活动的报批	1）各类报批所需文件的准备 ①承办者合法成立的证明以及安全责任人的身份证明 ②大型群众性活动方案及其说明 ③大型群众性活动安全工作方案 ④活动场所管理者同意提供活动场所的证明 ⑤大型群众性活动安全许可申请表 ⑥其他材料	（1）方法：讲授法、案例教学法 （2）重点：各类报批所需文件的准备	2

续表

模块	课程	学习单元	课程内容	培训建议	课堂学时
1．活动策划	1-3　实施方案策划	（5）5 000人以上赛事相关活动的报批	2）5 000人以上赛事活动报批流程 ①提交申请 ②材料初审 ③研究审核意见 ④责任部门审核 ⑤领取文书	（3）难点：5 000人以上赛事活动报批流程	
	1-4　相关文案写作	（1）电子竞技活动立项调研报告	1）电子竞技活动立项调研报告的写作依据 ①行业调查 ②政府调查 ③同类项目调查 ④用户调查	（1）方法：讲授法、案例教学法、实训法 （2）重点与难点：电子竞技活动立项调研报告的写作要点	2
			2）电子竞技活动立项调研报告的写作要点 ①项目名称 ②负责人 ③立项依据 ④活动项目内容 ⑤预期目标 ⑥实施方案 ⑦项目人员名单 ⑧项目计划进度 ⑨费用预算情况 ⑩项目承担部门申报审核意见		
		（2）电子竞技活动整体流程方案和各类具体实施方案的撰写	1）电子竞技活动整体流程方案的主要内容 ①电子竞技活动背景与目标描述 ②电子竞技活动时间安排 ③电子竞技活动现场布置方案和场务人员安排 ④电子竞技活动硬件设备和活动软件选择 ⑤电子竞技活动环节安排 ⑥奖项及奖品安排 ⑦费用预算 ⑧注意事项	（1）方法：讲授法、案例教学法、实训法 （2）重点：电子竞技活动整体流程方案的主要内容	2

续表

模块	课程	学习单元	课程内容	培训建议	课堂学时
1．活动策划	1–4　相关文案写作	（2）电子竞技活动整体流程方案和各类具体实施方案的撰写	2）各类具体实施方案的撰写 ①开幕式具体实施方案的撰写 ②闭幕式具体实施方案的撰写 ③其他活动具体实施方案的撰写	（3）难点：各类具体实施方案的撰写	
		（3）电子竞技活动异常预案的编写	1）目的	（1）方法：讲授法、案例教学法、实训法 （2）重点与难点：异常预案的编写	1
			2）主要职责与权限		
			3）预防措施		
			4）异常情况处理办法		
2．活动营销	2–1　营销实施计划制订	（1）营销实施计划的审核与优化建议	1）营销实施计划的制订技巧 ①确定目标 ②分析现状，预测未来 ③利用图表分解目标 ④规划可行性方案 ⑤进程预演	（1）方法：讲授法、案例教学法 （2）重点：营销实施计划的审核内容 （3）难点：营销实施计划的优化建议	3
			2）营销实施计划的审核内容 ①营销实施计划流程的审核 ②营销实施工作人员任务的审核 ③营销实施计划资源信息的审核		
			3）营销实施计划的优化建议 ①建立稳定的外部联系网络 ②内部管理模式的改进 ③加强员工的素质培训 ④利用互联网办公软件加强对信息的监控与集成		
		（2）实施计划的问题处理与实施计划的调整	1）实施计划常见问题 ①人员配置异常 ②活动执行异常 ③供应链异常 ④意外事故影响	（1）方法：讲授法、案例教学法	2

续表

模块	课程	学习单元	课程内容	培训建议	课堂学时
2．活动营销	2-1 营销实施计划制订	（2）实施计划的问题处理与实施计划的调整	2）实施计划具体问题的处理方法 ①确保信息的快速传递与重复确认 ②厘清计划与现实状况的差异 ③评估现有资源及配置的运行效果 ④拟订新版计划	（2）重点：实施计划常见问题的预估 （3）难点：实施计划具体问题的处理方法	
			3）实施计划的调整技巧 ①替换计划执行方案 ②改变计划的目标与方向 ③变更计划的准备工期与活动日程 ④优化计划的外部配置条件		
	2-2 营销准备	（1）招商材料的准备	1）招商材料的准备方法 ①了解招商政策与环境 ②收集并更新资质文件 ③设计招商委托文件 ④制定招商流程表 ⑤制作招商文案	（1）方法：讲授法、案例教学法 （2）重点与难点：招商材料的准备方法	1
			2）招商材料的管理 ①招商材料初稿的生成与更新 ②招商材料终稿的盖章、签署及保管		
		（2）赞助建议书的编写	1）赞助建议书的作用 ①活动项目内容的整合与包装 ②提供赞助指导意见 ③活动推广	（1）方法：讲授法、案例教学法、实训法 （2）重点：赞助建议书的主要内容	3
			2）赞助建议书的主要内容 ①介绍活动主体与方案 ②赞助商的宣传点及获益点 ③赞助商的投资建议 ④决策期限		

续表

模块	课程	学习单元	课程内容	培训建议	课堂学时
2. 活动营销	2-2 营销准备	(2) 赞助建议书的编写	3）赞助建议书相关信息的使用方法 ①专业调研数据的使用 ②音视频的录制或转载 ③概念介绍性图文知识的使用	(3) 难点：赞助建议书相关信息的使用方法	
		(3) 合作合同的拟订	1）重要合作商类型 ①赞助商 ②招商代理商 ③游戏厂商 ④直播平台 ⑤票务机构	(1) 方法：讲授法、案例教学法、实训法 (2) 重点：合作诉求的统计与记录方法 (3) 难点：拟订合作合同的内容	2
			2）合作诉求的统计与记录方法 ①合作正式文件提交 ②会议文字、音频、视频记录		
			3）合作合同的主要内容 ①当事人信息 ②标的 ③数量或品质 ④报酬 ⑤履行地点、期限及方式 ⑥违约责任 ⑦解决争议方法		
			4）合同拟订注意事项 ①有书面形式签订或盖章 ②各项条款表述精准 ③双方权责合理有效 ④补充条款的设置		
	2-3 营销实施	(1) 赞助商商务合作的谈判	1）接受商业赞助的注意事项 ①遵守已有合作协议的规定 ②了解禁止宣传的产品类型 ③平衡短期与长期收益	(1) 方法：讲授法、案例教学法、实训法	3

续表

<table>
<tr><th>模块</th><th>课程</th><th>学习单元</th><th>课程内容</th><th>培训建议</th><th>课堂学时</th></tr>
<tr><td rowspan="7">2．活动营销</td><td rowspan="7">2-3 营销实施</td><td rowspan="3">（1）赞助商商务合作的谈判</td><td>2）商务合作谈判的过程
①开局
②磋商
③结束
④重启</td><td rowspan="3">（2）重点：商务合作谈判的策略
（3）难点：不同赞助谈判场景中的应对</td><td rowspan="3"></td></tr>
<tr><td>3）商务谈判的策略
①与时间空间有关的策略
②与物质有关策略
③与信息有关策略
④与有关人的策略
⑤与需求有关策略
⑥与价格有关策略</td></tr>
<tr><td>4）不同赞助谈判场景中的应对
①强势应对
②均势应对
③劣势应对</td></tr>
<tr><td rowspan="4">（2）招商代理商商务合作的谈判</td><td>1）招商代理商的类型
①区域代理商
②网络经销商
③渠道合作商
④个人合作商</td><td rowspan="4">（1）方法：讲授法、案例教学法、实训法
（2）重点：商务谈判的策略
（3）难点：不同谈判场景中的应对</td><td rowspan="4">3</td></tr>
<tr><td>2）谈判的过程
①开局
②磋商
③结束
④重启</td></tr>
<tr><td>3）商务谈判的策略
①与时间空间有关的策略
②与物质有关策略
③与信息有关策略
④与有关人的策略
⑤与需求有关策略
⑥与价格有关策略</td></tr>
<tr><td>4）不同谈判场景中的应对
①强势应对
②均势应对
③劣势应对</td></tr>
</table>

续表

模块	课程	学习单元	课程内容	培训建议	课堂学时
2．活动营销	2-3　营销实施	（3）与游戏厂商、直播平台商务合作的谈判	1）游戏厂商类型介绍 ①国内自研游戏商 ②代理及联合运营商 ③国外游戏商	（1）方法：讲授法、案例教学法、实训法 （2）重点：商务谈判的策略	4
			2）直播平台类型介绍 ①娱乐型直播 ②游戏直播 ③体育直播 ④电商型直播		
			3）谈判的过程 ①开局 ②磋商 ③结束 ④重启		
			4）商务谈判的策略 ①与时间空间有关的策略 ②与物质有关策略 ③与信息有关策略 ④与有关人的策略 ⑤与需求有关策略 ⑥与价格有关策略		
			5）不同谈判场景中的应对 ①强势应对 ②均势应对 ③劣势应对		
			6）转播权开发流程与方法 ①明确授权中的主体与客体 ②授权的范围 ③衍生作品知识产权归属 ④转播权特别约定		

续表

模块	课程	学习单元	课程内容	培训建议	课堂学时
2．活动营销	2-3　营销实施	（3）与游戏厂商、直播平台商务合作的谈判	7）拟订与游戏厂商及直播平台的合作合同内容 ①当事人信息 ②标的 ③数量或品质 ④报酬 ⑤履行地点、期限及方式 ⑥违约责任 ⑦解决争议方法	（3）难点：转播权开发流程与方法	
		（4）票务机构商务合作的谈判	1）票务机构的挑选原则 ①票务机构的业务范围 ②票务机构的规模 ③直营销售能力 ④代理销售渠道数量 ⑤票务机构经营状况	（1）方法：讲授法、案例教学法、实训法 （2）重点：商务谈判的策略 （3）难点：门票开发流程与方法	3
			2）谈判的过程 ①开局 ②磋商 ③结束 ④重启		
			3）商务谈判的策略 ①与时间空间有关的策略 ②与物质有关策略 ③与信息有关策略 ④与有关人的策略 ⑤与需求有关策略 ⑥与价格有关策略		
			4）门票开发流程与方法 ①确定门票的类型与定价 ②门票销售过程的制定 ③门票销售渠道的选择 ④门票销售策略的制定		
			5）合作合同的拟订		

续表

模块	课程	学习单元	课程内容	培训建议	课堂学时
3．宣传推广	3–1 执行计划制订	(1) 宣传推广方案的制定	1）宣传推广方案的组成 ①宣传推广目的 ②宣传推广阶段分解 ③宣传推广计划内容 ④成本预估 2）宣传推广方案的制定流程 ①确定宣传推广基本目标 ②确定各阶段时间 ③分析各阶段目标人群 ④选择宣传推广方式及渠道 ⑤整体成本预估	(1) 方法：讲授法、案例教学法、实训法 (2) 重点与难点：宣传推广方案的制定方法	2
		(2) 宣传推广执行计划的审核与优化建议	1）宣传推广执行计划的制订技巧 ①根据阶段时间长度划分时间节点 ②根据项目主题设计宣传推广内容 ③根据宣传内容设计宣传广告调性 2）宣传推广执行计划的审核 ①推广流程规划审核 ②宣传渠道搭配审核 ③宣传物料设计核对 3）宣传推广执行计划的优化建议 ①推广进度优化 ②宣传渠道选择优化 ③宣传物料设计优化 ④工作计划安排优化	(1) 方法：讲授法、案例教学法、实训法 (2) 重点：宣传推广执行计划的制定与审核技巧 (3) 难点：宣传推广执行计划的优化建议	2
		(3) 宣传推广执行实际问题的处理与执行计划的调整	1）宣传推广执行计划实施过程中问题处理技巧 ①准备充足的材料与数据 ②建立有组织、有纪律的行动纲要 ③调整计划的灵活性和变通性 ④调动人员积极性	(1) 方法：讲授法、案例教学法、实训法 (2) 重点：宣传推广执行计划的实施及问题处理技巧	2

续表

模块	课程	学习单元	课程内容	培训建议	课堂学时
3．宣传推广	3-1　执行计划制订	（3）宣传推广执行实际问题的处理与执行计划的调整	2）根据宣传推广执行问题调整执行计划 ①工作进度问题调整 ②物料补齐及后备问题调整 ③人员分配调整	（3）难点：根据宣传推广执行问题调整执行计划	
	3-2　官方平台宣传	（1）社交媒体官方平台的优化	1）常见社交媒体官方平台的特点 ①短视频平台特点 ②长视频平台特点 ③公众号特点 ④微博特点 ⑤官方网站特点	（1）方法：讲授法、案例教学法、实训法 （2）重点：常见社交媒体官方平台的特点 （3）难点：不同社交媒体官方平台的优化技巧	3
			2）不同社交媒体官方平台的优化技巧 ①根据平台特点进行内容优化 ②根据平台特点进行运营优化		
		（2）赛事活动的官方平台宣传方案的制定	1）赛事活动官方平台宣传方案的制定方法 ①明确设置各阶段目标 ②分析目标人群 ③分析竞争对手 ④分析宣传策略 ⑤制定时间进度及人员安排表 ⑥预估宣传成本 ⑦效果检测 ⑧风险预估	（1）方法：讲授法、案例教学法、实训法 （2）重点与难点：赛事活动官方平台宣传方案的制定方法	4
			2）赛事活动官方平台宣传方案的内容框架 ①宣传目标 ②宣传平台 ③各平台宣传工作内容 ④宣传时间阶段及周期 ⑤宣传人员安排 ⑥宣传成本预估 ⑦宣传效果标准 ⑧宣传风险预备方案		

续表

模块	课程	学习单元	课程内容	培训建议	课堂学时
3．宣传推广	3-2　官方平台宣传	（3）官方平台宣传材料主题的把控	1）官方平台宣传材料主题的把控原则 ①符合社会价值观 ②符合法律法规规定 ③符合项目主题 ④符合目标用户群体 ⑤遵循导向原则及心理原则	（1）方法：讲授法、案例教学法 （2）重点：官方平台宣传材料主题的把控原则 （3）难点：官方平台宣传材料主题的把控方法	2
			2）官方平台宣传材料主题的把控方法 ①根据项目特点进行主题把控 ②根据目标群体进行主题把控		
		（4）官方平台宣传异常情况应急处理办法的制定	1）常见的官方平台宣传异常 ①内容异常 ②传播异常	（1）方法：讲授法、案例教学法、实训法 （2）重点：常见的官方平台宣传异常 （3）难点：官方平台宣传异常应急处理技巧	2
			2）官方平台宣传异常应急处理技巧 ①内容下架并进行内容优化 ②正视问题，正面处理		
			3）制定应急处理办法		
	3-3　媒体渠道宣传	（1）赛事活动媒体渠道宣传方案的制定	1）赛事活动媒体渠道宣传方案的制定方法	（1）方法：讲授法、案例教学法、实训法 （2）重点与难点：赛事活动媒体渠道宣传方案的制定方法	2
			2）赛事活动媒体渠道宣传方案的内容框架		
		（2）赛事活动宣传主题的设计	1）媒体渠道宣传材料主题的设计原则 ①符合社会价值观 ②符合法律法规规定 ③符合项目主题 ④符合目标用户群体 ⑤遵循导向原则及心理原则 ⑥符合合作双方共同权益	（1）方法：讲授法、案例教学法、实训法 （2）重点：媒体渠道宣传材料主题的设计原则	2

续表

模块	课程	学习单元	课程内容	培训建议	课堂学时
3. 宣传推广	3-3 媒体渠道宣传	(2) 赛事活动宣传主题的设计	2) 媒体渠道宣传材料主题的设计技巧 ①根据项目特点设计主题 ②根据目标群体特点设计主题 ③根据合作内容设计主题	(3) 难点：媒体渠道宣传材料主题的设计技巧	
		(3) 媒体渠道宣传异常情况应急处理办法的制定	1) 媒体渠道宣传异常应急处理技巧	(1) 方法：讲授法、案例教学法、实训法 (2) 重点与难点：媒体渠道宣传异常应急处理技巧	2
			2) 制定应急处理办法		
	3-4 线下活动推广	(1) 300人以上线下推广活动的组织执行	1) 推广活动组织执行的要点 ①人员、物资等要素确定 ②场地、流程等要素确定 ③经费预估与使用 ④参与渠道通知扩散 ⑤宣传内容对接 ⑥直转播对接 ⑦风险预估及应对措施 ⑧活动报备及报批 ⑨安保措施	(1) 方法：讲授法、案例教学法 (2) 重点：推广活动组织执行的要点 (3) 难点：推广活动组织执行的技巧	4
			2) 推广活动组织执行的技巧		
		(2) 300人以上线下推广活动异常情况的处理	线下推广活动异常的处理技巧 ①人员临时调配 ②物资调配并同步进行补充 ③宣传内容调整对接 ④直转播设备调试及网络修复 ⑤伤病应急处理及送治 ⑥人员疏散	(1) 方法：讲授法、案例教学法 (2) 重点与难点：线下推广活动异常的处理技巧	2

续表

模块	课程	学习单元	课程内容	培训建议	课堂学时
3．宣传推广	3–4　线下活动推广	（3）现场异常情况应急处理办法的制定	1）常见的线下推广活动紧急情况 ①断电 ②火灾 ③暴力事件 ④人员伤病	（1）方法：讲授法、案例教学法 （2）重点：常见的线下推广活动紧急情况 （3）难点：制定线下推广活动异常的应急处理办法	2
			2）制定线下推广活动异常的应急处理办法 ①人员疏散及消防工作参与 ②暴力事件处理 ③人员伤病紧急处理及送治		
4．活动执行	4–1　现场观众管理	（1）现场观众异常应急处理预案的制定	1）现场观众异常应急处理预案制定的原则 ①以人为本 ②全面完善 ③符合实际情况 ④合理分配应急处理人员 ⑤防止影响扩散	（1）方法：讲授法、案例教学法、实训法 （2）重点：处置方案	4
			2）常见现场观众异常应急事件类型 ①治安事件 ②公共卫生事件 ③违反赛事活动管理制度事件		
			3）现场观众异常应急处理组织机构及职责		
			4）现场观众异常应急处置机制 ①预案启动与终止 ②应急处置 ③善后处理		
			5）现场观众异常应急处置方案 ①治安事件处置方案 ②公共卫生事件处置方案 ③违反赛事活动管理制度事件处置方案		

续表

模块	课程	学习单元	课程内容	培训建议	课堂学时
4．活动执行	4-1　现场观众管理	（1）现场观众异常应急处理预案的制定	6）应急保障措施 ①预警与防范 ②保障	（3）难点：处置机制	
			7）编制现场观众异常应急处理预案		
		（2）现场观众应急情况处理的组织	1）现场观众应急情况处理小组的组织构成 ①综合协调人员 ②专业排危处理人员 ③警戒维护人员 ④医疗救护人员 ⑤后勤保障人员 ⑥善后处理人员 ⑦事故调查人员	（1）方法：讲授法、案例教学法、实训法 （2）重点：现场观众应急情况处理小组的组织构成 （3）难点：现场观众应急情况处理流程	3
			2）现场观众应急情况处理流程 ①情况紧急性判断 ②应急情况汇报 ③人员对接 ④应急情况处理 ⑤应急情况处理记录		
			3）现场观众应急情况处理技巧 ①统一指挥 ②灵活调配 ③合理善后		
		（3）现场观众管理制度的制定	1）制定现场观众管理制度的原则 ①遵守法律法规及相关管理条例 ②坚持实事求是，从实际出发 ③以人为本 ④简单高效 ⑤可监督，能落地 ⑥完善制度	（1）方法：讲授法、案例教学法、实训法 （2）重点：现场观众管理制度	3

续表

模块	课程	学习单元	课程内容	培训建议	课堂学时
4．活动执行	4-1　现场观众管理	（3）现场观众管理制度的制定	2）现场观众管理制度 ①总则 ②管理机构与职责 ③权利与义务 ④管理范围 ⑤纪律与监察	（3）难点：制定现场观众管理制度的原则	
	4-2　现场来宾管理	（1）选手及嘉宾异常应急处理预案的制定	1）选手及嘉宾异常应急处理预案制定原则 ①以人为本 ②全面完善 ③符合实际情况	（1）方法：讲授法、案例教学法、实训法 （2）重点：处置方案 （3）难点：处置机制	4
			2）常见选手及嘉宾异常事件类型 ①治安事件 ②公共卫生事件 ③违反赛事活动管理制度事件 ④工作异常事件		
			3）组织机构及职责		
			4）处置机制 ①预案启动与终止 ②应急处置 ③善后处理		
			5）处置方案 ①治安事件处置方案 ②公共卫生事件处置方案 ③违反赛事活动管理制度事件处置方案 ④工作异常事件处置方案		
			6）应急保障措施 ①预警与防范 ②保障		
			7）编制选手及嘉宾异常应急处理预案		

续表

模块	课程	学习单元	课程内容	培训建议	课堂学时
4．活动执行	4-2　现场来宾管理	（2）现场选手及嘉宾应急情况处理工作的组织	1）应急小组的组织构成 ①综合协调人员 ②专业排危处理人员 ③警戒维护人员 ④医疗救护人员 ⑤后勤保障人员 ⑥善后处理人员 ⑦事故调查人员	（1）方法：讲授法、案例教学法、实训法 （2）重点：应急小组的组织构成 （3）难点：现场选手及嘉宾应急情况处理流程	3
			2）现场选手及嘉宾应急情况处理流程 ①情况紧急性判断 ②应急情况汇报 ③人员对接 ④应急情况处理 ⑤应急情况处理记录		
			3）现场选手及嘉宾应急情况组织处理技巧 ①统一指挥 ②灵活调配 ③合理善后		
		（3）现场选手的培训	1）选手管理手册内容讲解 ①赛事活动安排确认 ②赛事活动规范的确定	（1）方法：讲授法、案例教学法、实训法 （2）重点：选手管理手册	4
			2）培训方法及技巧 ①亲身沟通 ②现场彩排		
			3）志愿者的特点 ①专业性 ②复杂性 ③随机性 ④组织性 ⑤临时性		
			4）志愿者管理流程 ①招募规划 ②招募与选拔 ③培训 ④绩效评估 ⑤激励管理		

续表

模块	课程	学习单元	课程内容	培训建议	课堂学时
4．活动执行	4-2　现场来宾管理	（3）现场选手的培训	5）志愿者管理注意事项 ①权益保障 ②志愿精神 ③权责关系	（3）难点：培训方法及技巧	
		（4）现场来宾管理制度的制定	1）制定现场来宾管理制度的原则 ①遵守法律法规及相关管理条例 ②坚持实事求是，从实际出发 ③以人为本 ④简单高效 ⑤可监督，能落地 ⑥完善制度	（1）方法：讲授法、案例教学法、实训法 （2）重点：现场来宾管理制度 （3）难点：制定现场来宾管理制度的原则	3
			2）现场来宾管理制度 ①总则 ②管理机构与职责 ③权利与义务 ④管理范围 ⑤纪律与监察		
	4-3　现场设备管理	（1）设施设备异常应急处理预案的制定	1）设施设备异常应急处理预案制定原则 ①安全性 ②实用性 ③快速处理 ④专人专项	（1）方法：讲授法、案例教学法、实训法 （2）重点：处置方案	4
			2）常见设施设备异常应急事件类型 ①设施设备损坏 ②设施设备准备不足		
			3）组织机构及职责		
			4）处置机制 ①预案启动与终止 ②应急处置 ③善后处理		
			5）处置方案 ①设施设备损坏处置方案 ②设施设备准备不足处置方案		

续表

模块	课程	学习单元	课程内容	培训建议	课堂学时
4．活动执行	4–3　现场设备管理	（1）设施设备异常应急处理预案的制定	6）应急保障措施 ①预警与防范 ②保障	（3）难点：处置机制	
			7）编制设施设备异常应急处理预案		
		（2）设施设备应急情况处理的组织	1）应急小组的组织构成 ①综合协调人员 ②专业排危处理人员 ③警戒维护人员 ④专业维修人员 ⑤后勤保障人员 ⑥善后处理人员 ⑦事故调查人员	（1）方法：讲授法、案例教学法、实训法 （2）重点：应急小组的组织构成 （3）难点：设施设备应急情况处理流程	3
			2）设施设备应急情况处理流程 ①情况紧急性判断 ②应急情况汇报 ③人员对接 ④应急情况处理 ⑤应急情况处理记录		
			3）设施设备异常处理办法 ①维修 ②替换 ③补给		
		（3）现场设施设备管理制度的制定	1）制定现场设施设备管理制度的原则 ①安全运行 ②精心维护 ③科学检修 ④管理责任明确 ⑤风险防控全面	（1）方法：讲授法、案例教学法、实训法 （2）重点：现场设施设备管理制度 （3）难点：制定现场设施设备管理制度的原则	3
			2）现场设施设备管理制度 ①总则 ②设备的安装调试 ③设备运行操作 ④设备维护保养 ⑤设备风险管理		

续表

模块	课程	学习单元	课程内容	培训建议	课堂学时
4．活动执行	4-4　现场后勤管理	（1）安全事故应急处理预案的制定	1）安全事故应急预案制定原则 ①人身安全第一位 ②标准化应急响应程序 ③符合实际情况 ④全面完善	（1）方法：讲授法、案例教学法、实训法 （2）重点：处置方案 （3）难点：处置机制	3
			2）常见安全事故类型 ①挤压、踩踏事故 ②暴力事件 ③火灾事故 ④漏电事故 ⑤不可抗力事故		
			3）组织机构及职责		
			4）处置机制 ①预案启动与终止 ②应急处置 ③善后处理		
			5）处置方案 ①挤压、踩踏事故处置方案 ②暴力事故处置方案 ③火灾事故处置方案 ④漏电事故处置方案 ⑤自然灾害事故处置方案		
			6）应急保障措施 ①预警与防范 ②保障		
			7）编制安全事故应急处理预案		
		（2）现场断电、断网、伤病事故等应急处理预案的制定	1）现场断电、断网、伤病事故等应急预案制定原则 ①人身安全第一位 ②标准化应急响应程序 ③符合实际情况 ④全面完善	（1）方法：讲授法、案例教学法、实训法 （2）重点：处置方案	3
			2）组织机构及职责		

续表

模块	课程	学习单元	课程内容	培训建议	课堂学时
4．活动执行	4-4　现场后勤管理	（2）现场断电、断网、伤病事故等应急处理预案的制定	3）处置机制 ①预案启动与终止 ②应急处置 ③善后处理	（3）难点：处置机制	
			4）处置方案 ①断电、断网处置方案 ②伤病事故处置方案		
			5）应急保障措施 ①预警与防范 ②保障		
			6）编制现场断电、断网、伤病事故等应急处理预案的格式		
		（3）现场消防灭火、疏散应急预案的制定	1）现场消防灭火、疏散应急预案制定原则 ①人身安全第一位 ②标准化应急响应程序 ③符合实际情况 ④全面完善	（1）方法：讲授法、案例教学法、实训法 （2）重点：处置方案 （3）难点：处置机制	3
			2）组织机构及职责		
			3）处置机制 ①预案启动与终止 ②应急处置 ③善后处理		
			4）处置方案 ①消防灭火处置方案 ②疏散应急处置方案		
			5）应急保障措施 ①预警与防范 ②保障		
			6）编制现场消防灭火、疏散应急处理预案		
		（4）异常应急处理的组织	1）应急小组的组织构成 ①综合协调人员 ②专业排危处理人员 ③警戒维护人员 ④医疗救护人员 ⑤后勤保障人员 ⑥善后处理人员 ⑦事故调查人员	（1）方法：讲授法、案例教学法、实训法	4

续表

模块	课程	学习单元	课程内容	培训建议	课堂学时
4．活动执行	4-4 现场后勤管理	(4) 异常应急处理的组织	2）后勤应急处理流程 ①情况紧急性判断 ②应急情况汇报 ③人员对接 ④应急情况处理 ⑤应急情况处理记录	(2) 重点：后勤应急处理流程 (3) 难点：异常应急处理组织技巧	
			3）异常应急处理组织技巧 ①统一指挥 ②灵活调配 ③合理善后		
		(5) 现场后勤保障管理制度的制定	1）制定现场后勤保障管理制度的原则 ①遵守法律法规及相关管理条例 ②坚持实事求是，从实际出发 ③以人为本 ④简单高效 ⑤可监督，能落地 ⑥完善制度	(1) 方法：讲授法、案例教学法、实训法 (2) 重点：制定现场后勤保障管理制度的原则 (3) 难点：现场后勤保障管理制度	3
			2）现场后勤保障管理制度 ①总则 ②管理机构与职责 ③权利与义务 ④管理范围 ⑤纪律与监察 ⑥奖惩制度		
	4-5 赛事活动总结	(1) 赛事活动资料的归档	1）赛事活动资料归档范围 ①赛前资料 ②赛中资料 ③赛后资料	(1) 方法：讲授法、案例教学法 (2) 重点：赛事活动资料归档要求 (3) 难点：赛事活动资料归档范围	3
			2）赛事活动资料归档要求 ①落实档案保管措施 ②制作赛事活动资料档案说明书 ③制作赛事活动资料档案目录 ④检查活动资料的阅读性		

续表

模块	课程	学习单元	课程内容	培训建议	课堂学时
4．活动执行	4-5　赛事活动总结	（2）赛事活动视频的归档	1）赛事活动视频归档范围 ①活动宣传视频 ②赛事开幕式、闭幕式表演视频 ③比赛视频 ④采访报道视频	（1）方法：讲授法、案例教学法 （2）重点：视频存储要求 （3）难点：赛事活动视频归档范围	1
			2）视频存储要求 ①图像清晰，声音清楚 ②标注相关说明 ③视频备份		
		（3）赛事活动赞助商权益的统计	1）赞助商权益的分类 ①名称与称号 ②场地权益 ③知识产权权益 ④媒体权益 ⑤宣传推广权益 ⑥礼遇权益 ⑦拓展权益	（1）方法：讲授法、案例教学法、实训法 （2）重点：赞助商权益统计表的制作 （3）难点：赞助商权益的分类	2
			2）赞助商权益统计表的制作		
5．培训与指导	5-1　培训	（1）岗位的培训	1）三级／高级工职业需求能力 ①活动策划知识 ②活动营销知识 ③宣传推广技巧 ④活动执行技巧	（1）方法：讲授法、案例教学法、实训法 （2）重点与难点：三级／高级工职业需求能力	2
			2）考核方式的设置 ①笔试 ②操作 ③口试		
		（2）培训教案的编写	1）培训教案制定的原则 ①符合教学计划的要求 ②联系实际的原则 ③建立严谨的学科体系 ④兼顾稳定性与更新性	（1）方法：讲授法、案例教学法、实训法 （2）重点：培训教案制定的原则	2

续表

模块	课程	学习单元	课程内容	培训建议	课堂学时
5．培训与指导	5-1　培训	（2）培训教案的编写	2）培训教案框架及内容 ①教学目标 ②教学任务分析 ③教学课时安排 ④教学方法与教学工具 ⑤板书设计 ⑥教学评价	（3）难点：培训教案框架及内容的编写	
	5-2　指导	（1）工作经验和技能的总结	1）工作经验的总结	（1）方法：讲授法、案例教学法、实训法 （2）重点：工作经验的总结 （3）难点：工作技能的总结	3
			2）工作技能的总结		
		（2）工作经验与技能的传授	1）对三级／高级工进行理论指导 ①口授工作经验 ②提供工作手册	（1）方法：讲授法、实训法 （2）重点：对三级／高级工进行理论指导 （3）难点：对三级／高级工进行操作演示	2
			2）对三级／高级工进行操作演示 ①培训模拟演示 ②工作实操演示		
课堂学时合计					154

2.2.5　一级／高级技师职业技能培训课程规范

模块	课程	学习单元	课程内容	培训建议	课堂学时
1．活动策划	1-1　活动方案调研	（1）调研背景的分析方法	1）根据政策因素分析	（1）方法：讲授法、案例教学法 （2）重点与难点：调研背景的分析方法	2
			2）根据社会因素分析		
			3）根据市场因素分析		
			4）根据区位因素分析		
		（2）调研目的的确定方法	1）拜访企业决策层	（1）方法：讲授法、案例教学法 （2）重点与难点：调研目的的确定方法	1
			2）拜访行业专家		
			3）收集消费者及企业资料		
			4）收集竞品资料		

续表

模块	课程	学习单元	课程内容	培训建议	课堂学时
1．活动策划	1–1　活动方案调研	(3) 调研组织计划的制订	1）确定角色和职责安排	(1) 方法：讲授法、案例教学法 (2) 重点与难点：调研组织计划的制订方法	2
			2）制订人员配备管理计划		
			3）制作组织关系图表		
			4）编制有关说明		
		(4) 调研经费预算	1）市场调研常见的各类经费 ①固定人力成本 ②物料损耗成本 ③接待及信息咨询费用 ④调研人员的差旅费用 ⑤其他费用	(1) 方法：讲授法、案例教学法、实训法 (2) 重点：市场调研常见的各类经费 (3) 难点：经费预算的方法	4
			2）经费预算原则 ①坚持量入为出的原则 ②坚持实事求是的原则 ③坚持综合预算的原则 ④坚持部门预算的原则 ⑤坚持零基预算的原则 ⑥坚持一般不予调整预算的原则		
			3）经费预算的方法 ①固定预算方法 ②弹性预算方法 ③增量预算方法 ④零基预算方法 ⑤定期预算方法 ⑥滚动预算方法		
		(5) 调研报告的审核与结论的撰写	1）调研报告的审核要求	(1) 方法：讲授法、案例教学法 (2) 重点：调研报告结论的撰写 (3) 难点：调研报告的审核要求	2
			2）调研报告结论的语言要求 ①精炼有力 ②逻辑严谨 ③准确完整 ④高度概括		
			3）调研报告结论的撰写		

续表

<table>
<tr><th>模块</th><th>课程</th><th>学习单元</th><th>课程内容</th><th>培训建议</th><th>课堂学时</th></tr>
<tr><td rowspan="13">1．活动策划</td><td rowspan="13">1-2　活动整体策划</td><td rowspan="4">（1）电子竞技活动品牌发展策略的制定</td><td>1）分析品牌发展环境
①企业的核心能力
②企业素质与企业活力
③品牌的竞争力
④市场的饱和度
⑤市场的发展趋势</td><td rowspan="4">（1）方法：讲授法、案例教学法
（2）重点：品牌发展策略的类型
（3）难点：电子竞技活动品牌发展战略制定方法</td><td rowspan="4">4</td></tr>
<tr><td>2）确定品牌发展方向
①自我品牌认知
②品牌发展目标
③重大事件影响</td></tr>
<tr><td>3）品牌发展策略的类型
①发展型战略
②稳定型战略
③紧缩战略</td></tr>
<tr><td>4）电子竞技活动品牌发展战略制定方法
①自下而上
②自上而下
③协商式
④半自治式</td></tr>
<tr><td rowspan="2">（2）电子竞技活动运营策略与方案的编写</td><td>1）电子竞技活动运营策略的编写
①明确目标
②基础调研
③分群测试
④数据反馈
⑤迭代优化</td><td rowspan="2">（1）方法：讲授法、案例教学法、实训法
（2）重点：电子竞技活动运营策略的编写
（3）难点：常用的电子竞技活动运营方案编写方法</td><td rowspan="2">3</td></tr>
<tr><td>2）常用的电子竞技活动运营方案编写方法
① 5W2H1E 分析法
②金字塔思维拆解法</td></tr>
<tr><td rowspan="6">（3）电子竞技活动总体方案的策划方法</td><td>1）移植法</td><td rowspan="6">（1）方法：讲授法、案例教学法</td><td rowspan="6">3</td></tr>
<tr><td>2）重点法</td></tr>
<tr><td>3）组合法</td></tr>
<tr><td>4）分解法</td></tr>
<tr><td>5）实证法</td></tr>
<tr><td>6）回避法</td></tr>
</table>

续表

模块	课程	学习单元	课程内容	培训建议	课堂学时
1．活动策划	1-2　活动整体策划	（3）电子竞技活动总体方案的策划方法	7）伏笔法	（2）重点与难点：电子竞技活动总体方案的策划方法	
			8）逆向法		
			9）背景转换法		
			10）捆绑连接法		
	1-3　实施方案策划	（1）电子竞技活动主题创意	1）电子竞技活动主题的类型 ①纪念庆典 ②文艺娱乐事件 ③商贸及会展 ④体育赛事 ⑤其他	（1）方法：讲授法、案例教学法 （2）重点与难点：电子竞技活动主题创意设定的原则	4
			2）电子竞技活动主题创意案例的赏析		
			3）电子竞技活动主题创意设定的原则 ①简明性原则 ②通俗性原则 ③差异性原则 ④形象性原则 ⑤关联性原则 ⑥真实性原则		
		（2）电子竞技活动总体方案的评定	1）电子竞技活动总体方案综合评价的定性方法 ①德尔菲法 ②优缺点列举法	（1）方法：讲授法、案例教学法 （2）重点与难点：电子竞技活动总体方案的评价方法	3
			2）电子竞技活动总体方案综合评价的定量方法 ①直接评分法 ②加权评分法 ③比较价值评分法 ④环比评分法 ⑤几何平均值评分法		
		（3）电子竞技活动总体方案的改善建议	1）组织架构及人员配置	（1）方法：讲授法、案例教学法 （2）重点与难点：电子竞技活动中各环节的改善建议	2
			2）宣传推广渠道的比较		
			3）活动流程优化		
			4）设施设备优化		
			5）安全应急方案优化		

续表

模块	课程	学习单元	课程内容	培训建议	课堂学时
1．活动策划	1-4 相关文案写作	（1）电子竞技活动总体规划书	电子竞技活动总体规划书的内容 ①电子竞技活动背景概况 ②电子竞技活动的目的与可行性 ③电子竞技活动的总体规划 ④电子竞技活动项目实施计划 ⑤电子竞技活动项目实施预算 ⑥效益与风险分析	（1）方法：讲授法、案例教学法 （2）重点与难点：电子竞技活动总体规划书的内容	3
		（2）电子竞技活动发展报告的撰写	1）电子竞技活动发展报告的结构 ①电子竞技活动的现状 ②电子竞技活动的影响 ③电子竞技活动的未来发展趋势 2）电子竞技活动发展报告的内容 ①概况 ②市场分析 ③专项调查及走势影响分析 ④研究发展 ⑤竞争分析与预测 ⑥用户管理建议	（1）方法：讲授法、案例教学法、实训法 （2）重点：电子竞技活动发展报告的内容	2
		（3）电子竞技活动运营方案	电子竞技活动运营方案的内容	（1）方法：讲授法、案例教学法、实训法 （2）重点与难点：电子竞技活动运营方案的内容	2
2．活动营销	2-1 营销计划制订	（1）营销计划整体质量和进度的管控	1）营销项目控制的内容 ①主题与环节设计 ②核心环节的预案准备 ③制定营销计划的执行标准	（1）方法：讲授法、案例教学法 （2）重点：营销项目控制的内容	2

续表

模块	课程	学习单元	课程内容	培训建议	课堂学时
2．活动营销	2-1　营销计划制订	（1）营销计划整体质量和进度的管控	2）阶段性目标计划的分解方法 ①建立系统分解结构（WBS，工作分解结构） ②按人员及部门责任分工 ③按计划流程进行分解	（3）难点：阶段性目标计划的分解方法	
		（2）费用的评估	1）营销计划的费用评估方法 ①根据市场进行评估 ②根据客户业务进行评估	（1）方法：讲授法、案例教学法 （2）重点：营销计划的费用评估方法 （3）难点：项目成本的预算方法	2
			2）项目成本的预算方法 ①经验估算法 ②因素估算法		
	2-2　营销实施	（1）赞助商的合作谈判	1）赞助商标准的分类 ①赞助级别 ②典型的赞助特点 ③赞助的形式	（1）方法：讲授法、实训法、案例教学法 （2）重点：赞助商标准的分类	6
			2）商务谈判的统筹 ①人员统筹 ②信息统筹 ③谈判方案准备		
			3）商务谈判的分类 ①按参加人数分类 ②按谈判主体数量分类 ③按谈判地分类 ④按谈判内容的透明度分类 ⑤按谈判的方式分类 ⑥按价值理论分类		
			4）商务谈判的原则 ①平等自愿原则 ②互利互惠原则 ③立场服从利益原则 ④对事不对人原则 ⑤灵活变通原则 ⑥坚持客观标准原则 ⑦遵纪守法原则		

续表

模块	课程	学习单元	课程内容	培训建议	课堂学时
2．活动营销	2-2 营销实施	（1）赞助商的合作谈判	5）推进后续工作 ①合作权益统计 ②合作的对接准备 ③会议宴请 ④媒体报道	（3）难点：商务谈判的分类与原则	
		（2）电子竞技活动项目的合作谈判	1）常见电子竞技活动项目的分类 ①赛事 ②商演 ③研学旅行	（1）方法：讲授法、实训法、案例教学法 （2）重点：常见电子竞技活动项目的类型 （3）难点：商务谈判的分类与原则	6
			2）商务谈判的统筹		
			3）商务谈判的分类		
			4）商务谈判的原则		
			5）推进后续工作		
		（3）电子竞技活动融资或投资的谈判	1）融资、投资的基础知识 ①融资、投资的概念 ②融资、投资合作形式 ③融资、投资的阶段与估值	（1）方法：讲授法、实训法、案例教学法 （2）重点：谈判对象与电子竞技企业资源的分析 （3）难点：电子竞技商务谈判的统筹与原则	8
			2）谈判对象分析 ①谈判对象身份调查 ②谈判对象的资信调查		
			3）电子竞技企业资源分析 ①人力资源 ②物力资源 ③财力资源 ④技术资源 ⑤信息资源		
			4）电子竞技商务谈判的统筹		
			5）电子竞技商务谈判的原则		
			6）推进后续工作		

续表

模块	课程	学习单元	课程内容	培训建议	课堂学时
2．活动营销	2-2　营销实施	（4）大客户维持方案的制定	1）大客户档案表的制作 ①大客户基本信息 ②大客户业务信息 ③大客户档案表规范事宜 2）CRM办公系统的常用功能 ①客户信息管理 ②客户跟踪 ③表单与合同 ④工作日程管理 ⑤数据管理与分析 3）大客户关系管理模型的应用 ①客户满意度管理 ②客户让利管理 ③关键人关系管理 ④组织关系管理 4）大客户拜访规范 ①着装及举止 ②拜访流程 ③客户拜访对象与次数的选择 ④赠礼与应酬的经费审批 ⑤员工拜访成果的考核	（1）方法：讲授法、案例教学法 （2）重点：CRM办公系统的常用功能 （3）难点：大客户关系管理模型的应用	4
3．宣传推广	3-1　执行计划制订	（1）宣传推广执行计划的项目把控	1）宣传推广执行计划 ①预热阶段执行计划 ②活动阶段执行计划 ③总结阶段执行计划 2）宣传推广执行计划的项目控制 ①制定宣传推广项目质量标准 ②制定宣传推广项目进度标准 ③制定宣传推广项目费用标准 ④制定宣传推广项目效果标准	（1）方法：讲授法、案例教学法	2

续表

模块	课程	学习单元	课程内容	培训建议	课堂学时
3．宣传推广	3-1 执行计划制订	（1）宣传推广执行计划的项目把控	⑤对比实际情况与标准内容 ⑥分析偏差成因，制定纠偏对策	（2）重点与难点：宣传推广执行计划的项目控制	
		（2）宣传推广执行计划成本的预估	1）宣传推广执行计划的费用评估方法 ①根据市场总体规模进行评估 ②根据地区区位状况进行评估 ③根据执行需求进行评估 2）宣传推广执行计划的成本预算 ①经验估算法 ②因素估算法	（1）方法：讲授法、案例教学法 （2）重点：宣传推广执行计划的成本预算 （3）难点：宣传推广执行计划的费用评估方法	2
		（3）宣传推广方案的审核	1）按要素及流程审核	（1）方法：讲授法、案例教学法 （2）重点与难点：宣传推广方案的审核	1
			2）按工作内容审核		
	3-2 官方平台宣传	官方平台宣传内容的审核、总结、优化	1）官方平台宣传内容的审核与监督要点 ①内容表述监督 ②内容半成品及成品审核	（1）方法：讲授法、案例教学法 （2）重点：官方平台宣传效果的评估和总结方法	7
			2）官方平台宣传效果的评估方法 ①曝光量评估 ②声量评估 ③用户心智变化评估 ④全网行为评估 ⑤官网流量评估		
			3）官方平台宣传效果的总结方法 ①根据数据反馈分析宣传实际效果 ②分析宣传过程实际存在的问题 ③预估未来发展走势		

续表

模块	课程	学习单元	课程内容	培训建议	课堂学时
3．宣传推广	3-2　官方平台宣传	官方平台宣传内容的审核、总结、优化	4）官方平台宣传效果的优化方法 ①内容呈现的优化 ②搜索引擎优化（SEO） ③宣传工作流程的优化	（3）难点：官方平台宣传效果的优化方法	
			5）根据总结方案提出官方平台宣传优化方案		
	3-3　媒体渠道宣传	媒体渠道宣传内容的审核、总结、优化	1）媒体宣传渠道的选择 ①宣传方式对比 ②宣传渠道费用对比 ③企业业务需求分析	（1）方法：讲授法、案例教学法 （2）重点：媒体渠道宣传效果的评估和总结方法 （3）难点：媒体渠道宣传效果的优化方法	4
			2）媒体渠道宣传内容的审核与监督要点 ①宣传内容表述监督 ②宣传内容成品审核 ③合作内容监督		
			3）媒体渠道宣传效果的评估方法 ①曝光量评估 ②声量评估 ③用户心智变化评估 ④全网行为评估 ⑤官网流量评估		
			4）媒体渠道宣传效果的总结方法 ①根据数据反馈分析宣传实际效果 ②分析合作宣传过程实际存在的问题 ③预估未来发展走势 ④预估未来合作方向		
			5）媒体平台宣传效果的优化方法 ①内容呈现的优化 ②搜索引擎优化（SEO） ③宣传工作流程的优化 ④合作内容优化		
			6）根据总结内容提出媒体渠道宣传优化方案		

续表

模块	课程	学习单元	课程内容	培训建议	课堂学时
3．宣传推广	3-4　线下活动推广	（1）线下推广活动策划方案	1）线下推广活动策划方案的主要内容 ①活动主题 ②活动时间、地点 ③活动目的及意义 ④活动目标 ⑤活动邀约 ⑥活动流程及物资需求 ⑦宣传及直转播渠道选择 ⑧经费预算	（1）方法：讲授法、实训法、案例教学法 （2）重点：线下推广活动策划方案的主要内容 （3）难点：线下推广活动的策划方法及技巧	8
			2）线下推广活动的策划方法 ①分解法 ②组合法 ③移植法		
			3）线下推广活动的策划技巧 ①阶段分解线下推广活动 ②明确主题并散布主题元素 ③明确人员组织分工 ④增设互动内容增加观众热情 ⑤根据活动大小选择宣传及直转播渠道		
			4）线下推广活动的经费预算 ①场地费用 ②人力费用 ③耗材费用 ④合作费用		
		（2）线下推广活动组织执行的监督	1）线下推广活动组织执行监督要点 ①活动实施监督 ②后勤保障监督 ③活动安全监督 ④宣传进度监督	（1）方法：讲授法、案例教学法 （2）重点：线下推广活动组织执行监督要点	2

续表

<table>
<tr><th>模块</th><th>课程</th><th>学习单元</th><th>课程内容</th><th>培训建议</th><th>课堂学时</th></tr>
<tr><td rowspan="6">3．宣传推广</td><td rowspan="6">3-4　线下活动推广</td><td>（2）线下推广活动组织执行的监督</td><td>2）线下推广活动的组织执行监督方法
①实地监督
②数据跟踪
③实时监督（监控系统）</td><td>（3）难点：线下推广活动的组织执行监督方法</td><td></td></tr>
<tr><td rowspan="5">（3）线下推广活动的评估、总结、优化</td><td>1）线下推广活动效果的评估方法
①比较趋势法
②市场调查法
③观察法</td><td rowspan="5">（1）方法：讲授法、案例教学法
（2）重点：线下推广活动效果的评估和总结方法
（3）难点：线下推广活动优化方法</td><td rowspan="5">4</td></tr>
<tr><td>2）线下推广活动效果的评估要点
①活动曝光量
②活动现场热度
③用户心理变化</td></tr>
<tr><td>3）线下推广活动的总结方法
①根据现场用户反馈分析内容热点
②根据现场用户参与度分析曝光量
③推广活动工作实施问题分析</td></tr>
<tr><td>4）线下推广活动优化方法
①活动流程优化
②活动内容制作优化
③活动宣发方式优化
④活动工作执行优化
⑤商户合作优化</td></tr>
<tr><td>5）根据总结内容提出线下推广活动优化方案</td></tr>
<tr><td>4．活动执行</td><td>4-1　活动现场监督</td><td>（1）赛事活动现场整体情况的监督</td><td>1）赛事活动现场监控技巧
①保持适度的存在感
②明确监督需求
③与被监控者目标一致
④与被监控者分清职责
⑤注意维系上下级关系
⑥分清轻重缓急，有序安排工作</td><td>（1）方法：讲授法、案例教学法</td><td>4</td></tr>
</table>

续表

模块	课程	学习单元	课程内容	培训建议	课堂学时
4．活动执行	4-1　活动现场监督	（1）赛事活动现场整体情况的监督	2）赛事活动现场品质把控的关键要素 ①活动现场的布置 ②平面图效果 ③舞台搭建 ④现场美陈布置	（2）重点：赛事活动现场监控技巧 （3）难点：赛事活动现场品质把控的关键要素	
			3）赛事活动现场角色管理 ①监督和控制各种角色人员的到场和准备情况 ②负责各角色人员之间的信息沟通 ③汇总并解决各角色群体提出的各种要求和出现的各种问题 ④跟进各角色工作进展情况		
			4）赛事活动现场安全、秩序和保洁 ①消防安全 ②医疗设置 ③安保布置 ④活动设施安全 ⑤进场时间和施工现场管理 ⑥人员保证金管理 ⑦现场音响音量的控制 ⑧活动现场物料管理 ⑨活动现场卫生清洁		
		（2）赛事活动现场突发事件的处理决策	1）突发事件处理原则 ①即时报告，考虑周全 ②冷静应对，措施得当 ③在保证生命安全的前提下，尽量减少财产的损失	（1）方法：讲授法、案例教学法 （2）重点：突发事件处理原则	1
			2）突发事件决策步骤 ①确认问题 ②分析环境 ③拟订和选择方案 ④实施和反馈		

续表

模块	课程	学习单元	课程内容	培训建议	课堂学时
4．活动执行	4-1　活动现场监督	（2）赛事活动现场突发事件的处理决策	3）突发事件决策方法 ①科学决策法 ②经验决策法 ③外脑决策法	（3）难点：突发事件决策方法	
	4-2　工作人员管理	（1）活动执行人员的工作分工和监督	1）赛事活动执行人员的委任参考因素 ①技术 ②能力 ③工作履历 ④性格	（1）方法：讲授法、实训法、案例教学法 （2）重点：赛事活动现场人员分工 （3）难点：赛事活动执行人员工作职责的监督	4
			2）赛事活动现场人员分工 ①总协调人员 ②裁判人员 ③统计评奖人员 ④检录员 ⑤主持人员 ⑥宣传组人员 ⑦灯光、音响师 ⑧后勤人员 ⑨场地物料管理人员 ⑩安保人员		
			3）赛事活动执行人员工作职责的监督 ①工作考勤 ②工作进度 ③工作质量		
			4）赛事活动执行人员工作的协调 ①区域协调 ②时间协调		
			5）工作职责奖惩制度 ①活动奖金 ②优秀员工激励制度 ③惩罚制度		
		（2）活动执行人员岗位职责的培训	1）岗位职责视频录制 ①技巧示范 ②职责说明 ③强化练习	（1）方法：讲授法、演示法、实训法、案例教学法	2

续表

模块	课程	学习单元	课程内容	培训建议	课堂学时
4．活动执行	4-2　工作人员管理	（2）活动执行人员岗位职责的培训	2）培训材料的收集与编写 3）根据企业实际情况编制人员培训和考核计划 4）各岗位人员培训和考核	（2）重点：各岗位人员培训和考核 （3）难点：根据企业实际情况编制人员培训和考核计划	
	4-3　赛事活动总结	（1）赛事活动的分析总结与总结方案的制定	1）赛事活动效果分析总结方法 ①摘要式 ②提纲式 ③表解式 ④图解式 ⑤综合式 2）活动总结方案的结构形式 ①条目式 ②三段式 ③分项式 ④漫谈式 3）活动总结方案制定的基本原则 ①总结前要充分占有材料 ②总结要实事求是 ③总结条理要清晰 ④总结要裁剪得体，详略适宜 4）活动总结方案的写作技巧 ①总结开头简洁明了 ②先进行大纲的撰写 ③活动效果实事求是 ④使用图标进行分析 ⑤重视活动中的细节 ⑥突出活动重点 ⑦语句简练、通俗易懂 ⑧注意排版 ⑨形成自己的方案写作风格 ⑩坚持资料、数据的收集	（1）方法：讲授法、演示法、案例教学法 （2）重点：活动总结方案的结构形式和基本原则 （3）难点：活动总结方案的写作技巧	3

续表

模块	课程	学习单元	课程内容	培训建议	课堂学时
4．活动执行	4-3　赛事活动总结	（2）赛事活动优化建议	1）赛事活动赛制的优化方法 ①根据参赛队伍规模优化 ②根据赛事项目优化 ③根据场地规模优化 ④根据赛事持续时间优化	（1）方法：讲授法、案例教学法 （2）重点：赛事运营的优化方法 （3）难点：赛事服务的优化方法	3
			2）赛事运营的优化方法 ①赛事品牌的建设和传播优化 ②赛事市场开发优化 ③赛事传播渠道优化 ④赛事用户反馈渠道优化		
			3）赛事服务的优化方法 ①赛事接待优化 ②赛事安保优化 ③赛场设施优化 ④人员结构优化 ⑤部门协作优化 ⑥赛事流程优化		
5．培训与指导	5-1　培训	（1）岗位的培训	1）二级 / 技师职业需求能力 ①活动策划知识 ②活动营销知识 ③宣传推广技巧 ④活动执行技巧	（1）方法：讲授法、案例教学法、实训法 （2）重点：二级 / 技师职业需求能力	2
			2）考核方式的设置 ①笔试 ②操作 ③口试		
		（2）培训计划和大纲	1）培训计划	（1）方法：讲授法、案例教学法、实训法 （2）重点：培训计划 （3）难点：培训大纲	2
			2）培训大纲		

续表

模块	课程	学习单元	课程内容	培训建议	课堂学时
5. 培训与指导	5-1 培训	（3）培训教材的编写	1）培训教材资料的整理 ①文献、教材收集 ②活动归档素材调用 2）培训教材内容的编写 ①确定培训教材目录与知识结构 ②确定培训教材体量与表现方式 ③补充培训教材的习题与参考资料 ④录制相关视频内容	（1）方法：讲授法、案例教学法 （2）重点：培训教材资料的整理 （3）难点：培训教材内容的编写	2
	5-2 指导	（1）专业知识与技能的总结	1）总结二级/技师工作规范 ①岗位职责要求 ②工作流程规范 ③礼仪与形象规范 ④考勤规范 2）技能的总结	（1）方法：讲授法、案例教学法、实训法 （2）重点：总结二级/技师工作规范 （3）难点：技能的总结	3
		（2）专业知识与技能的传授	1）对二级/技师进行理论指导 ①口授工作经验 ②提供工作手册 2）对二级/技师进行操作演示 ①培训模拟演示 ②工作实操演示	（1）方法：讲授法、实训法 （2）重点：对二级/技师进行理论指导 （3）难点：对二级/技师进行操作演示	2
		（3）教学内容的布置与教学方式的选择	1）教学内容的布置 2）教学方式的选择	（1）方法：讲授法、案例教学法 （2）重点与难点：教学内容的布置	1
课堂学时合计					124

2.2.6 培训建议中培训方法说明

1．讲授法

讲授法指教师主要运用语言方式，系统地向培训学员传授知识，传播思想观念。

即教师通过叙述，描绘、解释、推论来传递信息、传授知识，阐明概念、论证定律和公式，引导学员获得知识，认识和分析问题。

2．实训（练习）法

实训（练习）法指学员在教师的指导下，巩固知识、运用知识、形成技能技巧的方法。

3．演示法

演示法指在教学过程中，教师通过示范操作和讲解使学员获得知识、技能的教学方法。教学中，教师对操作内容进行现场演示，边操作边讲解，强调操作的关键步骤和注意事项，使学员边学边做，理论与技能并重，师生互动，提高学生的学习兴趣和学习效率。

4．案例教学法

案例教学法指通过对案例进行分析，提出问题，分析问题，并找到解决问题的途径和手段，培养学员分析问题、独立处理问题的能力。

2.3 考核规范

2.3.1 职业基本素质培训考核规范

考核范围	考核比重（%）	考核内容	考核比重（%）	考核单元
1．职业道德	9	1–1 职业道德基本知识	4	职业认知与职业道德
		1–2 职业守则	5	职业守则
2．职业愿景	9	2–1 行业发展趋势	7	电子竞技行业的发展趋势
		2–2 职业成长前景	2	电子竞技运营师的职业成长
3．基础知识	58	3–1 电子竞技知识	14	电子竞技基础知识
		3–2 电子竞技活动策划知识	14	电子竞技活动策划基础知识
		3–3 电子竞技活动营销知识	5	电子竞技活动营销基础知识

续表

考核范围	考核比重（%）	考核内容	考核比重（%）	考核单元
3．基础知识		3–4　电子竞技活动宣传推广知识	7	电子竞技活动宣传推广基础知识
		3–5　电子竞技活动执行与管理知识	12	电子竞技活动执行与管理基本知识
		3–6　相关法律、法规知识	6	相关法律、法规知识
4．计算机基础	14	计算机硬件构成和常见故障检修	7	（1）计算机硬件设备及外置设备
			7	（2）计算机常见故障检修
5．沟通与礼仪	10	5–1　沟通	5	沟通技巧
		5–2　礼仪	5	个人礼仪

2.3.2　四级／中级职业技能培训理论知识考核规范

考核范围	考核比重（%）	考核内容	考核比重（%）	考核单元
1．活动策划	16	1–1　活动方案调研	6	（1）调查问卷的设计
				（2）调研资料的收集与整理
		1–2　实施方案策划	5	（1）活动相关材料的准备与使用
				（2）活动要点内容的记录
				（3）会议纪要的编写与存档
				（4）1 000 人以内的赛事活动相关报批
		1–3　相关文案写作	5	（1）文字的录入
				（2）电子竞技活动文案框架的编写
				（3）PPT 汇报文件的制作
2．活动营销	19	2–1　营销准备	15	（1）相关客户群信息的收集、记录与汇总
				（2）相关客户群信息的录入与整理
				（3）授权素材的合理使用

续表

考核范围	考核比重（%）	考核内容	考核比重（%）	考核单元
2．活动营销		2-2　营销实施	4	（1）营销资料的大批量邮寄、管理、登记
				（2）营销活动的社交媒体应用
3．宣传推广	23	3-1　执行计划分析	5	（1）宣传推广执行计划的识读
				（2）宣传推广工作的分解与实施
		3-2　官方平台宣传	9	（1）主流社交媒体官方平台账号的创建
				（2）主流社交媒体客户端宣传文案的发布
				（3）官方平台宣传素材的收集与归纳
				（4）官方平台的日常维护
		3-3　媒体渠道宣传	4	（1）赛事活动媒体渠道素材的收集与归纳
				（2）媒体渠道宣传内容的发布
				（3）媒体渠道的日常维护
		3-4　线下活动推广	5	（1）线下推广活动物料的准备
				（2）线下推广活动的执行
4．活动执行	42	4-1　现场观众管理	7	（1）现场观众进出场秩序的维持
				（2）现场观众观看秩序的维持
				（3）现场观众咨询及投诉的接受
		4-2　现场来宾管理	9	（1）现场选手及嘉宾信息的登记
				（2）现场选手及嘉宾的接待
				（3）选手及嘉宾就位引导
				（4）选手及嘉宾投诉的接受

续表

考核范围	考核比重（%）	考核内容	考核比重（%）	考核单元
4．活动执行		4–3　现场设备管理	11	（1）现场设施的准备与检查
				（2）现场电子竞技设备的准备与检查
		4–4　现场后勤管理	15	（1）后勤保障的协调处理
				（2）现场安全事故的处理
				（3）现场人员的疏散

2.3.3　四级／中级职业技能培训操作技能考核规范

考核范围	考核比重（%）	考核内容	考核比重（%）	考核形式	选考方式	考核时间（分钟）	重要程度
1．活动策划	16	1–1　活动方案调研	6	笔试	必考	20	Y
		1–2　实施方案策划	5	笔试	必考	20	X
		1–3　相关文案写作	5	笔试	选考	20	Y
2．活动营销	17	2–1　营销准备	15	笔试	选考	15	Y
		2–2　营销实施	4	笔试	必考	25	X
3．宣传推广	23	3–1　执行计划分析	5	笔试	必考	10	Y
		3–2　官方平台宣传	9	实操	必考	15	X
		3–3　媒体渠道宣传	4	实操	选考	15	Y
		3–4　线下活动推广	5	笔试	必考	20	Y
4．活动执行	42	4–1　现场观众管理	7	笔试	必考	20	Y
		4–2　现场来宾管理	9	笔试	必考	20	Y
		4–3　现场设备管理	11	笔试	选考	30	Y
		4–4　现场后勤管理	15	笔试	必考	30	X

2.3.4　三级／高级职业技能培训理论知识考核规范

考核范围	考核比重（%）	考核内容	考核比重（%）	考核单元
1．活动策划	21	1–1　活动方案调研	6	（1）调研计划的拟订
				（2）调研任务实施方案的设计
				（3）调研资料的鉴定筛选、汇总与分析

续表

考核范围	考核比重（%）	考核内容	考核比重（%）	考核单元
1．活动策划		1–2　实施方案策划	9	（1）电子竞技赛事活动的实施
				（2）新闻发布会的实施
				（3）相关论坛的实施
				（4）1 000～5 000 人赛事活动的报批
		1–3　相关文案写作	6	（1）电子竞技活动计划书的编写
				（2）电子竞技赛事竞赛规程的编写
				（3）赛事相关活动方案的编写
				（4）新闻稿的写作
2．活动营销	24	2–1　营销准备	8	（1）赞助权益的梳理
				（2）工作计划的制订
				（3）营销实施资料的汇总与整理
				（4）邀请函的撰写
		2–2　营销实施	16	（1）电子竞技活动产品的电话销售
				（2）客户拜访方案的制定
				（3）赛事活动的宣讲
				（4）营销活动的组织
3．宣传推广	22	3–1　执行计划制订	4	（1）推广方案的识读
				（2）工作内容的分解与宣传推广执行计划的制订
		3–2　官方平台宣传	6	（1）主流社交媒体官方平台的创建
				（2）官方平台宣传文案的编写
				（3）赛事活动官方平台宣传配图的制作
				（4）官方平台的综合维护与异常处理
		3–3　媒体渠道宣传	8	（1）赛事活动媒体渠道宣传文案的编写
				（2）赛事活动媒体渠道宣传材料的制作与音视频内容的发布
				（3）媒体渠道的综合维护与异常情况处理
		3–4　线下活动推广	4	（1）线下推广活动的组织
				（2）线下推广活动现场异常情况的处理

续表

考核范围	考核比重（%）	考核内容	考核比重（%）	考核单元
4．活动执行	33	4-1　现场观众管理	10	（1）现场观众的例行巡检
				（2）现场观众管理细则的制定
				（3）现场观众投诉处理办法的制定
				（4）现场观众投诉的处理
				（5）现场观众异常情况的处理
		4-2　现场来宾管理	13	（1）现场选手和嘉宾的例行巡检
				（2）现场嘉宾管理细则的制定
				（3）现场选手管理手册的制定
				（4）现场选手和嘉宾投诉处理办法的制定
				（5）选手及嘉宾的投诉处理
				（6）选手及嘉宾异常情况处理
		4-3　现场设备管理	5	（1）现场设施设备的例行巡检
				（2）现场设施管理细则的制定
				（3）现场设施设备异常情况的处理
		4-4　现场后勤管理	5	（1）赛事活动现场的安全巡检
				（2）活动现场安全应急管理细则和消防管理细则的制定
				（3）现场异常情况的处理

2.3.5　三级／高级职业技能培训操作技能考核规范

考核范围	考核比重（%）	考核内容	考核比重（%）	考核形式	选考方式	考核时间（分钟）	重要程度
1．活动策划	21	1-1　活动方案调研	6	笔试	必考	10	X
		1-2　实施方案策划	9	笔试	必考	10	X
		1-3　相关文案写作	6	笔试	选考	20	X
2．活动营销	24	2-1　营销准备	8	笔试	选考	10	X
		2-2　营销实施	16	笔试	必考	20	X
3．宣传推广	22	3-1　执行计划制订	4	笔试	必考	10	Y
		3-2　官方平台宣传	6	实操	必考	30	X
		3-3　媒体渠道宣传	8	实操	选考	20	Y
		3-4　线下活动推广	4	笔试	必考	10	Z

续表

考核范围	考核比重（%）	考核内容	考核比重（%）	考核形式	选考方式	考核时间（分钟）	重要程度
4．活动执行	33	4-1 现场观众管理	10	笔试	必考	20	X
		4-2 现场来宾管理	13	笔试	选考	20	Y
		4-3 现场设备管理	5	笔试	选考	20	Y
		4-4 现场后勤管理	5	笔试	必考	20	X

2.3.6 二级 / 技师职业技能培训理论知识考核规范

考核范围	考核比重（%）	考核内容	考核比重（%）	考核单元
1．活动策划	22	1-1 活动方案调研	6	（1）调研范围与对象的选择
				（2）调研内容的确定
				（3）调研方法
				（4）调研方案的撰写
		1-2 活动整体策划	5	（1）电子竞技活动战略规划的制定
				（2）电子竞技活动组织规划的制定
				（3）电子竞技活动总体方案的撰写
		1-3 实施方案策划	7	（1）电子竞技活动整体流程方案的策划
				（2）电子竞技赛事开幕式、闭幕式实施流程的制定
				（3）财务预算方案的制定
				（4）风险预测与控制要点的提出
				（5）5 000 人以上赛事相关活动的报批
		1-4 相关文案写作	4	（1）电子竞技活动立项调研报告
				（2）电子竞技活动整体流程方案和各类具体实施方案的撰写
				（3）电子竞技活动异常预案的编写
2．活动营销	15	2-1 营销实施计划制订	3	（1）营销实施计划的审核与优化建议
				（2）实施计划的问题处理与实施计划的调整

续表

考核范围	考核比重（%）	考核内容	考核比重（%）	考核单元
2．活动营销		2–2　营销准备	4	（1）招商材料的准备
				（2）赞助建议书的编写
				（3）合作合同的拟订
		2–3　营销实施	8	（1）赞助商商务合作的谈判
				（2）招商代理商商务合作的谈判
				（3）与游戏厂商、直播平台商务合作的谈判
				（4）票务机构商务合作的谈判
3．宣传推广	20	3–1　执行计划制订	4	（1）宣传推广方案的制定
				（2）宣传推广执行计划的审核与优化建议
				（3）宣传推广执行实际问题的处理与执行计划的调整
		3–2　官方平台宣传	7	（1）社交媒体官方平台的优化
				（2）赛事活动的官方平台宣传方案的制定
				（3）官方平台宣传材料主题的把控
				（4）官方平台宣传异常情况应急处理办法的制定
		3–3　媒体渠道宣传	4	（1）赛事活动媒体渠道宣传方案的制定
				（2）赛事活动宣传主题的设计
				（3）媒体渠道宣传异常情况应急处理办法的制定
		3–4　线下活动推广	5	（1）300 人以上线下推广活动的组织执行
				（2）300 人以上线下推广活动异常情况的处理
				（3）现场异常情况应急处理办法的制定
4．活动执行	35	4–1　现场观众管理	6	（1）现场观众异常应急处理预案的制定
				（2）现场观众应急情况处理的组织
				（3）现场观众管理制度的制定

续表

考核范围	考核比重（%）	考核内容	考核比重（%）	考核单元
4．活动执行		4-2　现场来宾管理	9	（1）选手及嘉宾异常应急处理预案的制定
				（2）现场选手及嘉宾应急情况处理工作的组织
				（3）现场选手的培训
				（4）现场来宾管理制度的制定
		4-3　现场设备管理	6	（1）设施设备异常应急处理预案的制定
				（2）设施设备应急情况处理的组织
				（3）现场设施设备管理制度的制定
		4-4　现场后勤管理	10	（1）安全事故应急处理预案的制定
				（2）现场断电、断网、伤病事故等应急处理预案的制定
				（3）现场消防灭火、疏散应急预案的制定
				（4）异常应急处理的组织
				（5）现场后勤保障管理制度的制定
		4-5　赛事活动总结	4	（1）赛事活动资料的归档
				（2）赛事活动视频的归档
				（3）赛事活动赞助商权益的统计
5．培训与指导	8	5-1　培训	4	（1）岗位的培训
				（2）培训教案的编写
		5-2　指导	4	（1）工作经验和技能的总结
				（2）工作经验与技能的传授

2.3.7　二级 / 技师职业技能培训操作技能考核规范

考核范围	考核比重（%）	考核内容	考核比重（%）	考核形式	选考方式	考核时间（分钟）	重要程度
1．活动策划	22	1-1　活动方案调研	6	笔试	必考	20	X
		1-2　活动整体策划	5	笔试	必考	20	X
		1-3　实施方案策划	7	笔试	必考	20	X
		1-4　相关文案写作	4	笔试	选考	20	X

续表

考核范围	考核比重（%）	考核内容	考核比重（%）	考核形式	选考方式	考核时间（分钟）	重要程度
2．活动营销	15	2–1　营销实施计划制订	3	笔试	必考	10	X
		2–2　营销准备	4	笔试	选考	20	X
		2–3　营销实施	8	笔试	必考	20	X
3．宣传推广	20	3–1　执行计划制订	4	笔试	必考	10	Y
		3–2　官方平台宣传	7	笔试	必考	20	X
		3–3　媒体渠道宣传	4	笔试	选考	20	Y
		3–4　线下活动推广	5	笔试	必考	10	X
4．活动执行	35	4–1　现场观众管理	6	笔试	选考	20	Y
		4–2　现场来宾管理	9	笔试	选考	15	Y
		4–3　现场设备管理	6	笔试	选考	15	Y
		4–4　现场后勤管理	10	笔试	必考	20	X
		4–5　赛事活动总结	4	笔试	必考	10	X
5．培训与指导	8	5–1　培训	4	笔试	必考	30	X
		5–2　指导	4	笔试	必考	20	X

2.3.8　一级 / 高级技师职业技能培训理论知识考核规范

考核范围	考核比重（%）	考核内容	考核比重（%）	考核单元
1．活动策划	30	1–1　活动方案调研	9	（1）调研背景的分析方法
				（2）调研目的的确定方法
				（3）调研组织计划的制订
				（4）调研经费预算
				（5）调研报告的审核与结论的撰写
		1–2　活动整体策划	8	（1）电子竞技活动品牌发展策略的制定
				（2）电子竞技活动运营策略与方案的编写
				（3）电子竞技活动总体方案的策划方法

续表

考核范围	考核比重（%）	考核内容	考核比重（%）	考核单元
1．活动策划		1-3　实施方案策划	7	（1）电子竞技活动主题创意
				（2）电子竞技活动总体方案的评定
				（3）电子竞技活动总体方案的改善建议
		1-4　相关文案写作	6	（1）电子竞技活动总体规划书
				（2）电子竞技活动发展报告的撰写
				（3）电子竞技活动运营方案
2．活动营销	22	2-1　营销计划制订	3	（1）营销计划整体质量和进度的管控
				（2）费用的评估
		2-2　营销实施	19	（1）赞助商的合作谈判
				（2）电子竞技活动项目的合作谈判
				（3）电子竞技活动融资或投资的谈判
				（4）大客户维持方案的制定
3．宣传推广	24	3-1　执行计划制订	4	（1）宣传推广执行计划的项目把控
				（2）宣传推广执行计划成本的预估
				（3）宣传推广方案的审核
		3-2　官方平台宣传	6	官方平台宣传内容的审核、总结、优化
		3-3　媒体渠道宣传	3	媒体渠道宣传内容的审核、总结、优化
		3-4　线下活动推广	11	（1）线下推广活动策划方案
				（2）线下推广活动组织执行的监督
				（3）线下推广活动的评估、总结、优化
4．活动执行	14	4-1　活动现场监督	4	（1）赛事活动现场整体情况的监督
				（2）赛事活动现场突发事件的处理决策
		4-2　工作人员管理	5	（1）活动执行人员的工作分工和监督
				（2）活动执行人员岗位职责的培训
		4-3　赛事活动总结	5	（1）赛事活动的分析总结与总结方案的制定
				（2）赛事活动优化建议

续表

考核范围	考核比重（%）	考核内容	考核比重（%）	考核单元
5．培训与指导	10	5-1　培训	5	（1）岗位的培训
				（2）培训计划和大纲
				（3）培训教材的编写
		5-2　指导	5	（1）专业知识与技能的总结
				（2）专业知识与技能的传授
				（3）教学内容的布置与教学方式的选择

2.3.9　一级 / 高级技师职业技能培训操作技能考核规范

考核范围	考核比重（%）	考核内容	考核比重（%）	考核形式	选考方式	考核时间（分钟）	重要程度
1．活动策划	30	1-1　活动方案调研	9	笔试	必考	20	X
		1-2　活动整体策划	8	笔试	必考	20	X
		1-3　实施方案策划	7	笔试	必考	20	X
		1-4　相关文案写作	6	笔试	选考	30	X
2．活动营销	22	2-1　营销计划制订	3	笔试	必考	20	X
		2-2　营销实施	19	笔试	必考	20	X
3．宣传推广	24	3-1　执行计划制订	4	笔试	必考	15	X
		3-2　官方平台宣传	6	笔试	必考	15	Y
		3-3　媒体渠道宣传	3	笔试	选考	15	Y
		3-4　线下活动推广	11	笔试	选考	20	Y
4．活动执行	14	4-1　活动现场监督	4	笔试	必考	20	X
		4-2　工作人员管理	5	笔试	必考	25	X
		4-3　赛事活动总结	5	笔试	必考	20	X
5．培训与指导	10	5-1　培训	5	笔试	必考	30	X
		5-2　指导	5	笔试	必考	20	X

附录

培训要求与课程规范对照表

附录 1 职业基本素质培训要求与课程规范对照表

<table>
<tr><th colspan="3">2.1.1 职业基本素质培训要求</th><th colspan="4">2.2.1 职业基本素质培训课程规范</th></tr>
<tr><th>职业基本素质模块（模块）</th><th>培训内容（课程）</th><th>培训细目</th><th>学习单元</th><th>课程内容</th><th>培训建议</th><th>课堂学时</th></tr>
<tr><td rowspan="10">1. 职业道德</td><td rowspan="2">1–1 职业道德基本知识</td><td rowspan="2">（1）职业认知
（2）职业道德特点</td><td rowspan="2">职业认知与职业道德</td><td>1）职业基本认知
①电子竞技行业发展状况
②电子竞技运营师的职业定位
③电子竞技运营师的工作内容</td><td rowspan="2">（1）方法：讲授法、案例教学法
（2）重点与难点：电子竞技运营师职业道德</td><td rowspan="2">2</td></tr>
<tr><td>2）职业道德
①职业道德的概念
②各行各业共同的职业道德
③加强职业道德修养</td></tr>
<tr><td rowspan="8">1–2 职业守则</td><td rowspan="8">职业守则</td><td rowspan="8">职业守则</td><td>1）遵守法律、法规和有关规定</td><td rowspan="8">（1）方法：讲授法、案例教学法
（2）重点与难点：电子竞技运营师的职业守则</td><td rowspan="8">2</td></tr>
<tr><td>2）爱岗敬业，忠于职守，自觉履行各项职责</td></tr>
<tr><td>3）工作认真负责，严于律己</td></tr>
<tr><td>4）刻苦学习，钻研业务，努力提高思想和科学文化素质</td></tr>
<tr><td>5）团结协作，主动配合，相互尊重</td></tr>
<tr><td>6）严格执行各项标准规程，保证工作质量</td></tr>
<tr><td>7）重视安全、环保，文明生产</td></tr>
<tr><td>8）努力创新，弘扬工匠精神，精益求精</td></tr>
<tr><td>2. 职业愿景</td><td>2–1 行业发展趋势</td><td>（1）电子竞技行业发展方向</td><td>电子竞技行业的发展趋势</td><td>1）电子竞技行业的发展方向
①电子竞技专业化
②电子竞技市场化
③电子竞技全民化与娱乐化
④电子竞技细分化</td><td>（1）方法：讲授法、案例教学法
（2）重点：电子竞技行业的发展方向</td><td>3</td></tr>
</table>

续表

2.1.1 职业基本素质培训要求			2.2.1 职业基本素质培训课程规范			
职业基本素质模块（模块）	培训内容（课程）	培训细目	学习单元	课程内容	培训建议	课堂学时
2．职业愿景	2-1 行业发展趋势	（2）电子竞技行业特色领域	电子竞技行业的发展趋势	2）电子竞技行业特色领域 ①电子竞技俱乐部 ②电子竞技赛事 ③电子竞技地产 ④电子竞技教育 ⑤电子竞技研学旅行	（3）难点：电子竞技行业特色领域	
	2-2 职业成长前景	（1）职业发展前景 （2）职业发展通道	电子竞技运营师的职业成长前景	1）电子竞技运营师职业发展前景 ①人才需求缺口 ②利好政策 ③电子竞技产业整体布局	（1）方法：讲授法、案例教学法 （2）重点与难点：电子竞技运营师职业发展前景	1
				2）电子竞技运营师职业发展通道 ①纵向发展 ②横向发展		
3．基础知识	3-1 电子竞技知识	（1）电子竞技和电子竞技产业的概念 （2）电子竞技产业发展历程、现状及未来发展 （3）电子竞技商业模式	电子竞技基础知识	1）电子竞技和电子竞技产业的概念 ①电子竞技的定义 ②电子竞技的特征 ③电子竞技产业构成（电子竞技项目、赛事、媒体等）	（1）方法：讲授法、案例教学法 （2）重点：电子竞技产业的发展	6
				2）电子竞技产业的发展 ①电子竞技产业发展的历史 ②电子竞技产业发展的现状 ③电子竞技产业的未来发展		
				3）电子竞技产业的商业模式 ①电子竞技直播模式 ②电子竞技冠名赞助模式 ③电子竞技内容 IP 开发 ④电子竞技场馆开发 ⑤其他商业模式		

续表

2.1.1 职业基本素质培训要求			2.2.1 职业基本素质培训课程规范			
职业基本素质模块（模块）	培训内容（课程）	培训细目	学习单元	课程内容	培训建议	课堂学时
3．基础知识	3-1 电子竞技知识	（4）国际及国内主要电子竞技活动 （5）电子竞技活动与电子竞技赛事的概念	电子竞技基础知识	4）国内外主流电子竞技项目 ①即时战略（RTS）项目 ②第一人称射击（FPS）项目 ③多人在线战术竞技（MOBA）项目 ④棋牌类项目 ⑤益智休闲类项目 ⑥竞速与体育类项目 ⑦格斗类项目	（3）难点：电子竞技产业的商业模式	
				5）电子竞技活动 ①电子竞技活动的参与方式 ②国内主流电子竞技活动 ③国外主流电子竞技活动		
				6）电子竞技赛事 ①电子竞技赛事的概念 ②典型电子竞技赛事介绍		
	3-2 电子竞技活动策划知识	（1）电子竞技活动市场调研 （2）电子竞技活动策划的内容与方法 （3）电子竞技活动策划的基本程序	电子竞技活动策划基础知识	1）电子竞技活动市场调研 ①调研步骤 ②调研方法	（1）方法：讲授法、案例教学法 （2）重点：电子竞技活动策划	6
				2）电子竞技活动策划的内容与方法 ①活动策划内容 ②活动策划方法		
				3）电子竞技活动策划的基本程序		
				4）电子竞技赛事策划的内容与方法 ①赛事策划内容 ②赛事策划方法		
				5）电子竞技赛事分类 ①按照举办方分类（官方、第三方） ②按照参赛及运作模式分类（联赛、杯赛） ③按照职业化程度分类（职业赛、半职业、娱乐赛） ④按照区域影响力分类（地区赛、全国赛、世界赛） ⑤其他分类方法		

续表

2.1.1 职业基本素质培训要求			2.2.1 职业基本素质培训课程规范			
职业基本素质模块（模块）	培训内容（课程）	培训细目	学习单元	课程内容	培训建议	课堂学时
3．基础知识	3-2 电子竞技活动策划知识	（4）电子竞技赛事策划的内容与方法	电子竞技活动策划基础知识	6）电子竞技赛事赛制 ①单败淘汰制 ②双败淘汰制 ③单循环制 ④双循环制 ⑤分组循环制 ⑥积分制	（3）难点：电子竞技赛事赛制	
	3-3 电子竞技活动营销知识	（1）电子竞技活动营销的定义 （2）电子竞技活动营销的方法与策略	电子竞技活动营销基础知识	1）电子竞技活动营销的基本概念 2）电子竞技活动营销的方法与策略 ①电子竞技活动营销的方法 ②电子竞技活动营销的策略	（1）方法：讲授法、案例教学法 （2）重点与难点：电子竞技活动营销的方法与策略	2
	3-4 电子竞技活动宣传推广知识	（1）电子竞技活动市场宣传推广的定义 （2）传统媒体与电子竞技行业垂直媒体及传播渠道 （3）电子竞技活动宣传推广策略与方法	电子竞技活动宣传推广基础知识	1）市场宣传推广的定义 2）传统媒体与电子竞技行业垂直媒体及传播渠道 ①传统媒体与新媒体的区别 ②垂直媒体与水平媒体的区别 ③常见的传播渠道 3）电子竞技活动宣传推广的策略与方法 ①品牌塑造 ②媒体合作 ③地推宣传	（1）方法：讲授法、案例教学法 （2）重点：电子竞技活动宣传推广的策略与方法 （3）难点：传统媒体与电子竞技行业垂直媒体及传播渠道	3
	3-5 电子竞技活动执行与管理知识	（1）电子竞技活动项目管理 （2）电子竞技活动现场服务与管理	电子竞技活动执行与管理基础知识	1）电子竞技活动项目管理的基础内容 ①项目进程管理 ②项目人员管理 ③项目预算管理 ④项目质量管理 ⑤项目资源管理 2）电子竞技活动现场服务与管理的基础内容 ①接待服务 ②观众管理 ③嘉宾管理 ④参演人员管理 ⑤设施设备管理	（1）方法：讲授法、案例教学法、实训法 （2）重点：电子竞技活动现场执行与安全管理的基础内容	5

续表

2.1.1 职业基本素质培训要求			2.2.1 职业基本素质培训课程规范			
职业基本素质模块（模块）	培训内容（课程）	培训细目	学习单元	课程内容	培训建议	课堂学时
3．基础知识	3-5 电子竞技活动执行与管理知识	（3）电子竞技活动现场执行 （4）电子竞技活动现场安全管理 （5）电子竞技活动总结	电子竞技活动执行与管理基础知识	3）电子竞技活动现场执行的基础内容 ①活动巡检 ②活动流程保障 ③事件处理	（3）难点：电子竞技活动项目管理的基础内容	
				4）电子竞技活动现场安全管理的基础内容 ①活动现场安全管理预案的制定 ②设施设备的检修与使用		
				5）电子竞技活动总结的基础内容 ①活动总结的要点 ②活动总结的方法		
	3-6 相关法律、法规知识	（1）电子竞技相关法律法规 （2）互联网传播相关法律法规	相关法律、法规知识	1）《中华人民共和国体育法》相关知识	（1）方法：讲授法、案例教学法 （2）重点与难点：《电子竞技运动项目的管理规定》相关知识	2
				2）《中华人民共和国网络安全法》相关知识		
				3）《大型群众性活动安全管理条例》相关知识		
				4）《电子竞技运动项目的管理规定》相关知识		
				5）《电子竞技赛事管理暂行规定》相关知识		
				6）《信息网络传播权保护条例》相关知识		
				7）《互联网信息服务管理办法》相关知识		
				8）《互联网电子公告服务管理规定》相关知识		
4．计算机基础	计算机硬件构成和常见故障检修	（1）计算机硬件系统的构成 （2）计算机常见故障产生原因	（1）计算机硬件设备及外置设备	1）硬件设备	（1）方法：讲授法、案例教学法 （2）重点与难点：计算机硬件设备及外置设备	3
				2）外置设备		

续表

2.1.1 职业基本素质培训要求			2.2.1 职业基本素质培训课程规范			
职业基本素质模块（模块）	培训内容（课程）	培训细目	学习单元	课程内容	培训建议	课堂学时
4. 计算机基础	计算机硬件构成和常见故障检修	(3) 计算机故障常见检修方法	(2) 计算机常见故障检修	1) 计算机常见故障产生原因 2) 计算机故障常见检修方法 ①硬件类故障排查及常见维修方法 ②软件类故障排查及常见解决方法 ③网络类故障排查及常见解决方法	(1) 方法：讲授法、案例教学法、实训法 (2) 重点：计算机故障常见检修方法 (3) 难点：计算机常见故障产生原因	3
5. 沟通与礼仪	5-1 沟通	(1) 沟通原则 (2) 沟通技巧	沟通技巧	1) 人际沟通基本原则 2) 初次交往技巧 3) 交谈技巧 4) 非语言技巧	(1) 方法：讲授法、演示法 (2) 重点与难点：交谈技巧	2
	5-2 礼仪	个人礼仪	个人礼仪	1) 言行举止 2) 服饰 3) 公共场合人际交往礼仪 4) 公共设施使用礼仪	(1) 方法：讲授法、演示法 (2) 重点与难点：公共场合人际交往礼仪	2
课堂学时合计						42

附录 2 四级 / 中级职业技能培训要求与课程规范对照表

2.1.2 四级 / 中级职业技能培训要求				2.2.2 四级 / 中级职业技能培训课程规范			
职业功能模块（模块）	培训内容（课程）	技能目标	培训细目	学习单元	课程内容	培训建议	课堂学时
1. 活动策划	1-1 活动方案调研	1-1-1 能识读调研计划	调研计划的识读	(1) 调查问卷的设计	1) 调研计划的主要内容 ①调研范围和对象的筛选 ②调研项目（内容） ③调研形式 ④调研期限与进度安排	(1) 方法：讲授法、案例教学法、实训法	3

续表

2.1.2 四级 / 中级职业技能培训要求				2.2.2 四级 / 中级职业技能培训课程规范			
职业功能模块（模块）	培训内容（课程）	技能目标	培训细目	学习单元	课程内容	培训建议	课堂学时
		1-1-1 能识读调研计划	调研计划的识读	(1) 调查问卷的设计	2) 调查问卷设计的原则 ①目的性原则 ②一般性原则 ③逻辑性原则 ④明确性原则 ⑤可接受性原则 ⑥非诱导性原则 ⑦便于整理原则	(2) 重点：调查问卷设计的原则 (3) 难点：设计调查问卷的步骤	
1. 活动策划	1-1 活动方案调研	1-1-2 能设计调查问卷	调查问卷的设计		3) 设计调查问卷的步骤 ①确定调查目的 ②确定数据来源 ③确定问题的类型 ④确定问卷的编排 ⑤评价问卷 ⑥多方问询 ⑦预测试和修订 ⑧定稿		
		1-1-3 能主动收集调研资料	调研资料收集渠道的选择	(2) 调研资料的收集与整理	1) 常用的调研资料线下收集渠道 ①相关文献 ②有关部门发布的相关资料 ③专家咨询 2) 常用的调研资料线上收集渠道 ①搜索网站 ②企业介绍网站 ③咨询分享网站 ④主流社交平台	(1) 方法：讲授法、案例教学法、实训法	5
		1-1-4 能收集并分类整理调研资料	(1) 调研资料的收集		3) 调研资料的收集方法 ①自填问卷法 ②结构访问法		

续表

2.1.2 四级 / 中级职业技能培训要求				2.2.2 四级 / 中级职业技能培训课程规范			
职业功能模块（模块）	培训内容（课程）	技能目标	培训细目	学习单元	课程内容	培训建议	课堂学时
1．活动策划	1-1 活动方案调研	1-1-4 能收集并分类整理调研资料	（2）调研资料的整理	（2）调研资料的收集与整理	4）调研资料整理的原则 ①真实性 ②准确性 ③完整性 ④统一性 ⑤简明性 ⑥规范性	（2）重点：调研资料整理的步骤 （3）难点：调研资料的收集方法	
					5）调研资料整理的步骤 ①资料审核与复查 ②资料的编码 ③资料的录入 ④资料的清理		
					6）电子竞技用户的行为特征分析 ①性别分布 ②年龄分布 ③地区分布 ④学历及职业分布 ⑤经济水平分布		
					7）电子竞技用户主要聚集的平台 ①官方网站 ②社区论坛 ③新媒体平台 ④移动端 APP		
	1-2 实施方案策划	1-2-1 能按照活动内容要求准备材料	活动相关材料的准备与使用	（1）活动相关材料的准备与使用	1）电子竞技活动的常见形式 ①职业赛事 ②商业赛事 ③娱乐赛事 ④电子竞技展会 ⑤主题庆典 ⑥电子竞技综艺 ⑦电子竞技公益	（1）方法：讲授法、案例教学法	2

续表

2.1.2 四级 / 中级职业技能培训要求				2.2.2 四级 / 中级职业技能培训课程规范			
职业功能模块（模块）	培训内容（课程）	技能目标	培训细目	学习单元	课程内容	培训建议	课堂学时
1．活动策划	1–2 实施方案策划	1–2–1 能按照活动内容要求准备材料	活动相关材料的准备与使用	（1）活动相关材料的准备与使用	2）电子竞技活动的特色 ①竞技性 ②娱乐性 ③公平性 ④科技元素多 ⑤年轻用户占比高 ⑥用户黏性高	（2）重点与难点：材料的准备与使用	
					3）材料的准备与使用 ①素材的筛选与提炼 ②材料内容的有机转化 ③材料内容的压缩与拓展 ④材料内容的审定与印刷		
		1–2–2 能记录活动要点内容	（1）会务工作礼仪规范的确认 （2）会议内容的记录	（2）活动要点内容的记录	1）会务工作的礼仪规范 ①会前接待礼仪 ②会中服务礼仪 ③会后安排礼仪	（1）方法：讲授法、案例教学法、演示法、实训法 （2）重点：会议内容的记录 （3）难点：会务工作的礼仪规范	2
					2）会议内容的记录 ①记录方式 ②基本要求 ③写作技巧		
		1–2–3 能按照要求编写会议纪要并备案存档	（1）会议纪要的编写	（3）会议纪要的编写与存档	1）会议纪要的种类 ①办公会议纪要 ②工作会议纪要 ③协调会议纪要 ④研讨会议纪要	（1）方法：讲授法、案例教学法、实训法	1
					2）会议纪要的特点 ①内容的纪实性 ②表达的提要性 ③称谓的特殊性		

续表

<table>
<tr><th colspan="4">2.1.2　四级 / 中级职业技能培训要求</th><th colspan="4">2.2.2　四级 / 中级职业技能培训课程规范</th></tr>
<tr><th>职业功能模块（模块）</th><th>培训内容（课程）</th><th>技能目标</th><th>培训细目</th><th>学习单元</th><th>课程内容</th><th>培训建议</th><th>课堂学时</th></tr>
<tr><td rowspan="5">1．活动策划</td><td rowspan="5">1-2　实施方案策划</td><td rowspan="4">1-2-3　能按照要求编写会议纪要并备案存档</td><td rowspan="4">（2）会议纪要的备案存档</td><td rowspan="4">（3）会议纪要的编写与存档</td><td>3）会议纪要的基本写法
①集中概述法
②分项叙述法
③发言提要法</td><td rowspan="4">（2）重点：会议纪要的整理方法
（3）难点：会议纪要的基本写法与格式</td><td rowspan="4"></td></tr>
<tr><td>4）会议纪要的格式
①标题
②开头
③文号格式
④制文时间
⑤正文
⑥结尾</td></tr>
<tr><td>5）会议纪要的整理方法
①做好事前准备
②忠于会议原意
③把握会议要点
④确定纪要形式
⑤加工处理文字
⑥用好规范语言</td></tr>
<tr><td>6）会议纪要的备案存档方法</td></tr>
<tr><td>1-2-4　能完成预计参加人数在 1 000 人以内的赛事活动相关报批</td><td>1 000 人以内的赛事活动的报批</td><td>（4）1 000 人以内的赛事活动相关报批</td><td>1）各类报批所需文件的准备工作
①承办者合法成立的证明以及安全责任人的身份证明
②大型群众性活动方案及其说明
③大型群众性活动安全工作方案
④活动场所管理者同意提供活动场所的证明
⑤大型群众性活动安全许可申请表
⑥其他材料</td><td>（1）方法：讲授法、案例教学法</td><td>1</td></tr>
</table>

续表

2.1.2 四级 / 中级职业技能培训要求				2.2.2 四级 / 中级职业技能培训课程规范			
职业功能模块（模块）	培训内容（课程）	技能目标	培训细目	学习单元	课程内容	培训建议	课堂学时
1．活动策划	1-2 实施方案策划	1-2-4 能完成预计参加人数在 1 000 人以内的赛事活动相关报批	1 000 人以内的赛事活动的报批	（4）1 000 人以内的赛事活动相关报批	2）1 000 人以内的赛事活动的报批流程 ①提交申请 ②材料初审 ③研究审核意见 ④责任部门审核 ⑤领取文书	（2）重点与难点：各类报批所需文件的准备工作	
					3）活动申报表的规范填写		
	1-3 相关文案写作	1-3-1 能应用计算机熟练进行文字录入	文字的熟练录入	（1）文字的录入	1）键盘的使用 ①键盘标准指法 ②输入法选择与练习 ③常用快捷键	（1）方法：讲授法、实训法 （2）重点与难点：键盘的使用	1
					2）其他录入工具 ①扫描仪 ②手写板 ③语音录入		
		1-3-2 能使用各种办公软件编写电子竞技活动文案框架	（1）办公软件的使用 （2）电子竞技活动文案框架的编写	（2）电子竞技活动文案框架的编写	1）编写电子竞技活动文案框架所需的办公软件 ①文字处理软件 ②表格制作软件	（1）方法：讲授法、案例教学法、实训法 （2）重点与难点：电子竞技活动文案的写作方法	2
					2）电子竞技活动文案的框架		
					3）电子竞技活动文案的写作方法 ①结合用户偏好 ②结合场景代入 ③结合感性分析 ④结合理性依据 ⑤结合时事热点		

续表

2.1.2 四级 / 中级职业技能培训要求				2.2.2 四级 / 中级职业技能培训课程规范			
职业功能模块（模块）	培训内容（课程）	技能目标	培训细目	学习单元	课程内容	培训建议	课堂学时
1. 活动策划	1–3 相关文案写作	1–3–3 能根据电子竞技活动文案，制作 PPT 汇报文件	（1）电子竞技活动文案的识读 （2）PPT 软件的使用 （3）PPT 汇报文件的制作	（3）PPT 汇报文件的制作	1）PPT 软件的使用方法 ① PPT 的新建 ②设置背景 ③内容编辑 ④插入对象 ⑤设置动画效果 ⑥文件的保存 2）制作电子竞技活动文案 PPT 的布局 ①字体的选择 ②图片 ③Logo ④配色 ⑤纹理 ⑥图标 ⑦逻辑图表 ⑧视频 3）电子竞技活动文案 PPT 汇报文件制作 ①活动提纲 ②活动开展情况 ③活动主要内容 ④活动特色	（1）方法：讲授法、案例教学法、实训法 （2）重点与难点：PPT 汇报文件的制作	3
2. 活动营销	2–1 营销准备	2–1–1 能根据赛事活动定位收集相关客户群信息	（1）赛事活动定位的确认 （2）信息收集渠道的选择	（1）相关客户群信息的收集、记录与汇总	1）赛事活动定位的分类 ①根据电子竞技赛事项目分类 ②根据赛事规模、级别分类 ③根据其他实际情况分类 2）目标客户群分析 ①客户群分布 ②客户群联系 ③客户群需求 ④客户群购买能力及消费习惯	（1）方法：讲授法、案例教学法 （2）重点：客户群信息收集方法	6

续表

2.1.2　四级 / 中级职业技能培训要求				2.2.2　四级 / 中级职业技能培训课程规范			
职业功能模块（模块）	培训内容（课程）	技能目标	培训细目	学习单元	课程内容	培训建议	课堂学时
2．活动营销	2-1　营销准备	2-1-1　能根据赛事活动定位收集相关客户群信息	（3）目标客户群分析	（1）相关客户群信息的收集、记录与汇总	3）客户群信息收集方法 ①在线访问 ②表单填写 ③行业内推荐	（3）难点：目标客户群分析	
		2-1-2　能准确记录并汇总目标客户群信息	客户群信息的记录与汇总		4）客户群信息记录与汇总的要求 ①信息记录全面、无错漏 ②内容的格式与标准统一 ③简洁明了		
		2-1-3　能分类整理目标客户群信息	（1）个人客户群信息的分类与整理 （2）企业客户群信息的分类与整理	（2）相关客户群信息的录入与整理	1）个人客户群信息分类的参考标准 ①客户的身份信息 ②客户的个人特质 ③客户的消费行为	（1）方法：讲授法、案例教学法、实训法 （2）重点：个人和企业客户群信息分类的参考标准	10
					2）企业客户群信息分类的参考标准 ①企业的经营范围 ②企业相关资质 ③企业的规模与成果		
		2-1-4　能应用电子文档录入客户群信息	应用电子文档进行客户群信息的录入		3）电子文档的功能 ①数据记录与整理 ②数据加工与计算 ③数据统计与分析 ④图形报表的制作 ⑤自动化管理		

续表

2.1.2 四级 / 中级职业技能培训要求				2.2.2 四级 / 中级职业技能培训课程规范			
职业功能模块（模块）	培训内容（课程）	技能目标	培训细目	学习单元	课程内容	培训建议	课堂学时
2．活动营销	2–1 营销准备	2–1–4 能应用电子文档录入客户群信息	应用电子文档进行客户群信息的录入	（2）相关客户群信息的录入与整理	4）客户群信息录入方法 ①文字输入 ②文件导入	（3）难点：电子文档的功能	
					5）电子文档的排版技巧 ①单元格操作 ②间隔设置 ③字体与字号 ④色彩填充与标识 ⑤边框及页面格式		
		2–1–5 能根据厂商要求使用授权素材	（1）厂商基础授权事项的确认 （2）授权素材的使用 （3）厂商授权素材的审核	（3）授权素材的合理使用	1）厂商基础授权事项 ①授权使用方式 ②授权品类 ③授权元素 ④授权地区与期限 ⑤授权性质	（1）方法：讲授法、案例教学法 （2）重点：厂商基础授权事项 （3）难点：授权素材的使用	4
					2）授权素材的使用 ①商用授权与非商用授权 ②授权素材的直接展示与使用		
					3）厂商授权素材审核的要点 ①设计图及样品审核 ②文件或数据留样 ③审查是否符合国家标准、行业标准、商业规范		

续表

2.1.2 四级 / 中级职业技能培训要求				2.2.2 四级 / 中级职业技能培训课程规范			
职业功能模块（模块）	培训内容（课程）	技能目标	培训细目	学习单元	课程内容	培训建议	课堂学时
2．活动营销	2-2 营销实施	2-2-1 能邮寄、登记大批量营销资料	（1）大批量资料的登记 （2）大批量资料的管理 （3）大批量资料的邮寄	（1）营销资料的大批量邮寄、管理、登记	1）大批量资料的登记 ①资料登记表的制作 ②资料编号的方法 ③资料登记的核实与更新 2）大批量资料的管理方式 ①资料的印刷与统计 ②资料的装订与存放 ③电子资料的科学管理 3）大批量资料的邮寄 ①邮寄基础知识 ②邮寄注意事项（常见平台、时效、保密等）	（1）方法：讲授法、案例教学法、实训法 （2）重点：大批量资料的管理方式 （3）难点：大批量资料的登记	2
		2-2-2 能运用现代社交宣传媒体开展营销活动	现代社交媒体平台的使用	（2）营销活动的社交媒体应用	现代社交媒体中的营销操作 ①增加品牌的网络曝光率与流量 ②创造优质与特色内容 ③开展商业合作 ④优化用户服务	（1）方法：讲授法、案例教学法、实训法 （2）重点与难点：现代社交媒体中的营销操作	3
3．宣传推广	3-1 执行计划分析	3-1-1 能对宣传推广执行计划进行准确理解	（1）工作的归纳总结	（1）宣传推广执行计划的识读	1）归纳总结工作的方法 ①根据工作职能全面总结 ②根据工作措施总结 ③根据工作顺序总结 ④根据参与主体构思 ⑤根据所解决问题归纳	（1）方法：讲授法、案例教学法	4

续表

2.1.2 四级 / 中级职业技能培训要求				2.2.2 四级 / 中级职业技能培训课程规范			
职业功能模块（模块）	培训内容（课程）	技能目标	培训细目	学习单元	课程内容	培训建议	课堂学时
3．宣传推广	3-1 执行计划分析	3-1-1 能对宣传推广执行计划进行准确理解	（2）宣传推广执行计划的识读	（1）宣传推广执行计划的识读	2）宣传推广执行计划的组成 ①总体方向 ②宣传推广目标 ③时间阶段分解 ④宣传推广方式 ⑤宣传推广渠道组合 ⑥时间节点的规划目标 ⑦宣传推广渠道的工作内容 ⑧人员安排 ⑨成本预算	（2）重点与难点：宣传推广执行计划的组成	
		3-1-2 能根据宣传推广执行计划对工作内容进行分解和实施	（1）宣传推广执行工作的内容分解 （2）宣传推广执行工作的实施	（2）宣传推广工作的分解与实施	1）宣传推广执行工作内容的分解方法 ①时间节点分解 ②工作内容分解 ③目标分解	（1）方法：讲授法、案例教学法 （2）重点与难点：宣传推广执行工作内容的实施	3
					2）宣传推广执行工作内容的实施 ①归纳总结工作内容 ②媒体渠道联络 ③宣传材料制作		
	3-2 官方平台宣传	3-2-1 能创建现代主流社交媒体官方平台账号	（1）主流社交媒体平台账号的创建	（1）主流社交媒体官方平台账号的创建	1）常见的现代主流社交媒体 ①社交媒体的概念 ②传统媒体与现代社交媒体的常见类型	（1）方法：讲授法、演示法、实训法	4
					2）主流社交媒体平台账号的创建流程 ①微博账号创建流程 ②微信公众号创建流程		

续表

2.1.2　四级 / 中级职业技能培训要求				2.2.2　四级 / 中级职业技能培训课程规范			
职业功能模块（模块）	培训内容（课程）	技能目标	培训细目	学习单元	课程内容	培训建议	课堂学时
3．宣传推广	3-2　官方平台宣传	3-2-1　能创建现代主流社交媒体官方平台账号	（2）官方账号的认证	（1）主流社交媒体官方平台账号的创建	③短视频平台账号创建流程 ④长视频平台账号创建流程	（2）重点与难点：主流社交媒体平台账号的创建流程	
					3）主流社交媒体平台官方账号的认证流程		
		3-2-2　能使用现代主流社交媒体客户端发布宣传文案	（1）主流社交媒体的选择 （2）主流社交媒体上宣传文案的发布	（2）主流社交媒体客户端宣传文案的发布	1）主流社交媒体客户端的下载与安装	（1）方法：讲授法、案例教学法、实训法 （2）重点：各社交媒体客户端发布宣传文案的方法 （3）难点：主流社交媒体的选择	3
					2）主流社交媒体的选择 ①微博宣传特点 ②微信公众号宣传特点 ③短视频平台宣传特点 ④长视频平台宣传特点		
					3）各社交媒体客户端发布宣传文案的方法		
		3-2-3　能收集并归纳赛事及活动官方平台宣传配图相关素材	（1）官方平台宣传配图素材的收集	（3）官方平台宣传素材的收集与归纳	1）常见配图素材的收集渠道 ①底图素材收集渠道 ②摄影素材收集渠道 ③模型设计与建模素材收集渠道	（1）方法：讲授法、案例教学法、实训法 （2）重点：配图素材信息检索、收集及使用的原则	4
					2）配图素材的归纳整理方法 ①根据风格分类归纳整理 ②根据用途分类归纳整理		

续表

2.1.2 四级 / 中级职业技能培训要求				2.2.2 四级 / 中级职业技能培训课程规范			
职业功能模块（模块）	培训内容（课程）	技能目标	培训细目	学习单元	课程内容	培训建议	课堂学时
3．宣传推广	3-2 官方平台宣传	3-2-3 能收集并归纳赛事及活动官方平台宣传配图相关素材	(2) 官方平台宣传配图素材的整理	(3) 官方平台宣传素材的收集与归纳	3) 配图素材信息检索、收集及使用的原则 ①不包含违禁元素 ②不受版权影响 ③色调搭配统一 ④主题内容突出	(3) 难点：配图素材的归纳整理方法	
					4) 信息检索与收集方法 ①顺查法 ②倒查法 ③抽查法 ④追溯法 ⑤交替法 ⑥排除、限定与合取法		
		3-2-4 能完成官方平台的基础日常维护	官方平台的日常维护	(4) 官方平台的日常维护	官方平台日常维护方法 ①内容、链接功能确认 ②用户消息回复 ③粉丝互动 ④定期活动 ⑤用户反馈记录与提交	(1) 方法：讲授法、案例教学法、实训法 (2) 重点与难点：官方平台日常维护方法	1
	3-3 媒体渠道宣传	3-3-1 能收集并归纳赛事活动线下线上媒体渠道相关宣传文案、材料及音视频素材	(1) 赛事活动媒体渠道相关宣传素材的收集	(1) 赛事活动媒体渠道素材的收集与归纳	1) 媒体渠道的类型与特点 ①传统广告媒体 ②新媒体	(1) 方法：讲授法、案例教学法、实训法 (2) 重点：音视频素材的整理原则	3
					2) 常见宣传素材的收集渠道 ①宣传文案、材料收集渠道 ②音频素材收集渠道 ③视频素材收集渠道		

续表

2.1.2 四级 / 中级职业技能培训要求				2.2.2 四级 / 中级职业技能培训课程规范			
职业功能模块（模块）	培训内容（课程）	技能目标	培训细目	学习单元	课程内容	培训建议	课堂学时
3．宣传推广	3-3 媒体渠道宣传	3-3-1 能收集并归纳赛事活动线下线上媒体渠道相关宣传文案、材料及音视频素材	（2）赛事活动媒体渠道相关宣传素材的整理	（1）赛事活动媒体渠道素材的收集与归纳	3）宣传素材的归纳整理方法 ①根据风格分类归纳整理 ②根据用途分类归纳整理	（3）难点：宣传素材的归纳整理方法	
					4）音视频素材的整理原则 ①不包含违禁元素 ②不受版权影响 ③音视频素材氛围统一 ④主题内容突出		
		3-3-2 能在媒体渠道发布宣传材料及音视频内容	媒体渠道宣传材料及音视频内容的发布	（2）媒体渠道宣传内容的发布	1）确定发布时间	（1）方法：讲授法、案例教学法 （2）重点与难点：媒体渠道宣传内容的发布	1
					2）确定发布内容		
					3）确定推送要求		
		3-3-3 能进行媒体渠道的基础日常维护	媒体渠道的日常维护	（3）媒体渠道的日常维护	1）媒体渠道日常维护方法 ①定期沟通 ②强化内容	（1）方法：讲授法、案例教学法 （2）重点与难点：媒体渠道日常维护内容	2
					2）媒体渠道日常维护内容 ①媒体渠道内容交接 ②媒体渠道工作进度核对 ③对接人员信息确认		
	3-4 线下活动推广	3-4-1 能准备线下推广活动现场使用的宣传推广物料	（1）线下推广活动设备的准备	（1）线下推广活动物料的准备	1）常见的线下推广物料类型 ①常用线下推广活动设备类型 ②常用的线下推广损耗型物料类型	（1）方法：讲授法、案例教学法 （2）重点：常见的线下推广物料类型	3

续表

2.1.2 四级 / 中级职业技能培训要求				2.2.2 四级 / 中级职业技能培训课程规范			
职业功能模块（模块）	培训内容（课程）	技能目标	培训细目	学习单元	课程内容	培训建议	课堂学时
3．宣传推广	3–4 线下活动推广	3–4–1 能准备线下推广活动现场使用的宣传推广物料	（2）线下推广活动损耗型物料的准备	（1）线下推广活动物料的准备	2）线下推广活动设备的准备原则 ①租用前进行设备质量检查 ②准备备用设备 ③设备运输注意要点 3）线下推广活动现场损耗型宣传物料的准备原则 ①价格对比 ②准备足量物料 ③准备应急补给渠道 ④回收剩余物料	（3）难点：线下推广活动设备及损耗型宣传物料的准备原则	
		3–4–2 能完成线下推广活动现场执行	（1）接待工作的执行 （2）场控工作的执行 （3）后勤保障工作的执行	（2）线下推广活动的执行	1）接待工作的执行 ①嘉宾工作人员对接 ②物料分发 ③服务指引方法 2）场控工作的执行 ①根据活动流程设计安排人员 ②传达活动进度调整 3）后勤保障工作的执行方法 ①设备调控方法 ②物料调控方法 ③安保对接方法 ④场地布置方法	（1）方法：讲授法、案例教学法、实训法 （2）重点与难点：线下推广活动的执行方法	3
4．活动执行	4–1 现场观众管理	4–1–1 能维持现场观众进出场秩序	观众进出场秩序的维持	（1）现场观众进出场秩序的维持	1）观众进出场管理原则 ①注重教养 ②礼貌用语 ③尊重习俗 ④尊重隐私 ⑤特殊人士优先 ⑥安全有序	（1）方法：讲授法、案例教学法 （2）重点：观众进出场管理原则	2

续表

2.1.2　四级 / 中级职业技能培训要求				2.2.2　四级 / 中级职业技能培训课程规范			
职业功能模块（模块）	培训内容（课程）	技能目标	培训细目	学习单元	课程内容	培训建议	课堂学时
4．活动执行	4-1　现场观众管理	4-1-1　能维持现场观众进出场秩序	观众进出场秩序的维持	（1）现场观众进出场秩序的维持	2）观众进出场管理方法 ①人墙法 ②多路引导法 ③疏散引导法	（3）难点：观众进出场管理方法	
		4-1-2　能维持现场观众观看秩序	现场观众观看秩序的维持	（2）现场观众观看秩序的维持	1）观众观赛基本秩序的维持 ①观赛手牌、标语的文明使用 ②灯光的合理使用 ③观赛声音的控制 ④观赛行为举止的文明 ⑤场地清洁的保持	（1）方法：讲授法、案例教学法、实训法 （2）重点：观众观赛基本秩序的维持 （3）难点：观众观看秩序维持基本技巧	4
					2）现场观众观看秩序维持基本技巧 ①态度和蔼，以理服人 ②先询问，再处理 ③及时提醒、纠正、制止不良行为		
		4-1-3　能接受现场咨询及观众投诉	（1）赛事活动现场咨询的解答	（3）现场观众咨询及投诉的接受	1）现场咨询事宜的流程 ①客户问候 ②咨询事宜记录 ③咨询事宜应答 ④客户送别	（1）方法：讲授法、演示法 （2）重点：观众投诉接受的原则	3
					2）观众投诉接受的原则 ①以诚相待原则 ②表示欢迎原则 ③换位思考原则 ④决不争辩原则		

续表

2.1.2　四级 / 中级职业技能培训要求				2.2.2　四级 / 中级职业技能培训课程规范			
职业功能模块（模块）	培训内容（课程）	技能目标	培训细目	学习单元	课程内容	培训建议	课堂学时
4．活动执行	4-1　现场观众管理	4-1-3　能接受现场咨询及观众投诉	（2）观众投诉的接受	（3）现场观众咨询及投诉的接受	3）观众投诉接受的方法 ①接受投诉，迅速处理，决不拖延 ②平息怨气，调整自己，适应客户 ③认真分析问题，澄清事实 ④真诚感谢客户 ⑤对投诉处理结果进行跟踪	（3）难点：观众投诉接受的方法	
	4-2　现场来宾管理	4-2-1　能进行现场选手及嘉宾信息登记	现场选手及嘉宾信息的登记	（1）现场选手及嘉宾信息的登记	1）选手及嘉宾信息登记方法 ①现场表格登记 ②电子签到登记（互动大屏、裸眼3D签到墙等） 2）选手及嘉宾信息登记表格的制作 ①姓名 ②单位（俱乐部、战队） ③职务 ④联系电话 ⑤到达日期和时间	（1）方法：讲授法、案例教学法、实训法 （2）重点与难点：选手及嘉宾信息登记表格的制作	2
		4-2-2　能进行现场选手及嘉宾接待	现场选手及嘉宾的接待	（2）现场选手及嘉宾的接待	1）现场选手及嘉宾接待技巧 ①接待规格与标准 ②站姿 ③坐姿 ④动姿 ⑤言谈 2）现场选手及嘉宾接待内容 ①住宿安排 ②餐饮安排 ③活动和日程安排 ④现场区域安排 ⑤车辆及交通安排	（1）方法：讲授法、案例教学法、演示法、实训法	6

续表

2.1.2 四级 / 中级职业技能培训要求				2.2.2 四级 / 中级职业技能培训课程规范			
职业功能模块（模块）	培训内容（课程）	技能目标	培训细目	学习单元	课程内容	培训建议	课堂学时
4．活动执行	4–2 现场来宾管理	4–2–2 能进行现场选手及嘉宾接待	现场选手及嘉宾的接待	（2）现场选手及嘉宾的接待	3）选手及嘉宾相关物品发放 ①通行证 ②活动手册 ③其他物品	（2）重点与难点：现场选手及嘉宾接待内容	
		4–2–3 能根据活动安排引导选手及嘉宾就位	现场选手及嘉宾的引导	（3）选手及嘉宾就位引导	选手和嘉宾引导技巧 ①发放活动场地平面图 ②放置活动场地引导牌 ③播放活动场地引导视频 ④礼仪人员陪同引导	（1）方法：讲授法、演示法、实训法 （2）重点与难点：现场选手和嘉宾引导技巧	2
		4–2–4 能接受选手及嘉宾的投诉	选手及嘉宾投诉的接受	（4）选手及嘉宾投诉的接受	1）选手及嘉宾投诉的接受原则 ①以诚相待原则 ②表示欢迎原则 ③换位思考原则 ④决不争辩原则 2）选手及嘉宾投诉的接受方法 ①接受投诉，迅速处理，决不拖延 ②与战队领队或负责人及时沟通 ③认真分析问题，澄清事实 ④对投诉处理结果进行跟踪	（1）方法：讲授法、案例教学法 （2）重点：选手及嘉宾投诉的接受原则 （3）难点：选手及嘉宾投诉接受方法	4
	4–3 现场设备管理	4–3–1 能进行现场设施准备与检查	（1）电子竞技活动现场设施的准备	（1）现场设施的准备与检查	1）电子竞技活动现场设施的准备 ①信息展示和咨询设施的准备 ②前台服务设施的准备 ③休闲餐饮设施的准备 ④上网娱乐服务设施的准备	（1）方法：讲授法、案例教学法 （2）重点：电子竞技活动现场设施的准备	8

续表

2.1.2 四级 / 中级职业技能培训要求				2.2.2 四级 / 中级职业技能培训课程规范			
职业功能模块（模块）	培训内容（课程）	技能目标	培训细目	学习单元	课程内容	培训建议	课堂学时
4．活动执行	4–3 现场设备管理	4–3–1 能进行现场设施准备与检查	（2）电子竞技活动现场设施的检查	（1）现场设施的准备与检查	⑤比赛服务设施的准备 ⑥互动体验设施的准备 ⑦运营管理设施的准备 ⑧公共卫生间的准备 ⑨消防设施的准备	（3）难点：电子竞技活动现场设施的检查	
					2）电子竞技活动现场设施的检查 ①外观检查 ②操作测试 ③性能测试 ④故障排查		
		4–3–2 能进行电子竞技设备准备与检查	（1）现场设备的准备 （2）现场设备的检查	（2）现场电子竞技设备的准备与检查	1）现场电子竞技设备的准备 ①对战区设备的准备 ②灯光、音响、摄影区设备的准备 ③观赛大屏的准备 ④主播间、导播间、解说间设备的准备 ⑤选手训练室设备的准备 ⑥休息室设备的准备 ⑦化妆间设备的准备	（1）方法：讲授法、案例教学法 （2）重点：现场电子竞技设备的准备 （3）难点：现场电子竞技设备的检查	8
					2）现场电子竞技设备的检查 ①外观检查 ②线路检查 ③硬件检查 ④软件检查		

续表

2.1.2 四级 / 中级职业技能培训要求				2.2.2 四级 / 中级职业技能培训课程规范			
职业功能模块（模块）	培训内容（课程）	技能目标	培训细目	学习单元	课程内容	培训建议	课堂学时
4．活动执行	4-4 现场后勤管理	4-4-1 能协调处理活动过程中后勤保障相关事宜	（1）活动过程中后勤保障相关事宜的协调 （2）活动过程中后勤保障相关事宜的处理	（1）后勤保障的协调处理	1）现场后勤保障相关事宜的协调原则 ①信息沟通原则 ②依赖性原则 ③及时性原则 ④随机应变原则	（1）方法：讲授法、案例教学法 （2）重点：电子竞技活动现场后勤保障内容 （3）难点：电子竞技活动现场后勤保障相关事宜的协调原则与方法	8
					2）现场后勤保障相关事宜的协调方法 ①文字协调法 ②信息沟通法 ③制度式协调法		
					3）现场后勤保障内容 ①检录报道 ②信息通信 ③设施设备 ④餐饮住宿 ⑤安保 ⑥医疗 ⑦违禁物品		
		4-4-2 能根据安全应急预案处理现场安全事故	（1）安全应急预案的识读	（2）现场安全事故的处理	1）安全应急预案的识读 ①事件名称 ②上报流程 ③场景描述 ④预案依据 ⑤应对步骤 ⑥主要负责人 ⑦配合单位 ⑧资源需求	（1）方法：讲授法、案例教学法 （2）重点：安全应急预案的识读	10
					2）现场安全事故处理方法 ①选手、裁判员伤病 ②选手与工作人员发生冲突 ③选手不当行为影响比赛		

续表

2.1.2 四级 / 中级职业技能培训要求				2.2.2 四级 / 中级职业技能培训课程规范			
职业功能模块（模块）	培训内容（课程）	技能目标	培训细目	学习单元	课程内容	培训建议	课堂学时
4．活动执行	4–4 现场后勤管理	4–4–2 能根据安全应急预案处理现场安全事故	（2）电子竞技活动现场安全事故的处理	（2）现场安全事故的处理	④场地、器材损坏或故障 ⑤观众滋事 ⑥不当言论横幅或手牌 ⑦恶劣天气 ⑧断电、断网事故 ⑨不可抗力事件	（3）难点：电子竞技活动现场安全事故处理方法	
		4–4–3 能根据消防疏散预案疏散现场人员	（1）基本消防知识的培训 （2）消防疏散预案的识读	（3）现场人员的疏散	1）基本消防知识 ①《中华人民共和国消防法》 ②建筑防火基本知识 ③建筑火灾危险性分析和消防安全管理 ④建筑消防设施及其检查维护管理 ⑤初期火灾处置及人员疏散逃生 ⑥火灾事故案例分析	（1）方法：讲授法、案例教学法 （2）重点：基本消防知识	3
					2）消防技能 ①灭火器的使用方法 ②防烟面具的使用方法 ③救生绳的使用方法 ④消防防火毯的使用方法 ⑤手动火灾报警按钮		
					3）消防疏散预案的识读 ①组织指挥机构 ②报警和接警处置程序		

续表

2.1.2 四级 / 中级职业技能培训要求				2.2.2 四级 / 中级职业技能培训课程规范			
职业功能模块（模块）	培训内容（课程）	技能目标	培训细目	学习单元	课程内容	培训建议	课堂学时
4. 活动执行	4-4 现场后勤管理	4-4-3 能根据消防疏散预案疏散现场人员	(3) 电子竞技活动现场消防疏散方法的使用	(3) 现场人员的疏散	③应急疏散的组织程序和措施 ④扑救初起火灾的程序和措施 ⑤通信联络、安全救护的程序和措施	(3) 难点：电子竞技活动现场消防疏散方法	
					4) 电子竞技活动现场消防疏散方法 ①疏散通报 ②稳定情绪 ③疏散引导		
课堂学时合计							136

附录 3　三级 / 高级职业技能培训要求与课程规范对照表

2.1.3 三级 / 高级职业技能培训要求				2.2.3 三级 / 高级职业技能培训课程规范			
职业功能模块（模块）	培训内容（课程）	技能目标	培训细目	学习单元	课程内容	培训建议	课堂学时
1. 活动策划	1-1 活动方案调研	1-1-1 能拟订具体的调研计划	(1) 调研计划的制订 (2) 调研计划主要内容的确定 (3) 调研计划的撰写	(1) 调研计划的拟订	1) 调研计划的制订方法	(1) 方法：讲授法、案例教学法、实训法 (2) 重点与难点：调研计划的制订	2
					2) 调研计划的主要内容 ①调研范围与对象 ②调研项目（内容） ③调研形式 ④期限与进度安排		
					3) 撰写调研计划		

续表

2.1.3 三级 / 高级职业技能培训要求				2.2.3 三级 / 高级职业技能培训课程规范			
职业功能模块（模块）	培训内容（课程）	技能目标	培训细目	学习单元	课程内容	培训建议	课堂学时
1．活动策划	1-1 活动方案调研	1-1-2 能设计调研任务实施方案	调研任务实施方案的设计	（2）调研任务实施方案的设计	1）调研实施方案的主要内容 ①岗位设置 ②人员培训 ③任务分配 ④经费预算 ⑤数据处理和分析	（1）方法：讲授法、案例教学法 （2）重点与难点：调研任务实施方案的主要内容	2
					2）撰写调研任务实施方案		
		1-1-3 能对所收集到的资料进行鉴定筛选、汇总与分析	（1）调研资料的鉴定筛选 （2）调研资料的汇总 （3）调研资料的分析	（3）调研资料的鉴定筛选、汇总与分析	1）调研资料的鉴定筛选 ①选择筛选条件与依据 ②根据筛选条件，进行提取	（1）方法：讲授法、案例教学法 （2）重点：调研资料的鉴定筛选 （3）难点：调研资料的分析方法	3
					2）调研资料的汇总 ①汇总的工具 ②汇总的方法		
					3）调研资料的分析方法 ①定性分析法 ②定量分析法 ③混合分析法		
	1-2 实施方案策划	1-2-1 能提出电子竞技赛事活动的实施流程	电子竞技赛事活动实施流程的提出	（1）电子竞技赛事活动的实施	1）电子竞技赛事活动实施方案的主要内容 ①确定活动的实施流程（rundown表的制作） ②选择活动场地 ③确定选手及嘉宾，并发出邀约 ④准备活动物品 ⑤人员安排、会场布置 ⑥各项准备工作的检查 ⑦活动进程的推进计划（甘特图的制作） ⑧活动收尾计划	（1）方法：讲授法、案例教学法	4

续表

2.1.3 三级 / 高级职业技能培训要求				2.2.3 三级 / 高级职业技能培训课程规范			
职业功能模块（模块）	培训内容（课程）	技能目标	培训细目	学习单元	课程内容	培训建议	课堂学时
1. 活动策划	1-2 实施方案策划	1-2-1 能提出电子竞技赛事活动的实施流程	电子竞技赛事活动实施流程的提出	（1）电子竞技赛事活动的实施	2）电子竞技赛事活动的实施流程 ①观众入场 ②赛事活动开幕 ③选手入场 ④赛事进行 ⑤观众互动 ⑥赛事活动闭幕 ⑦人员退场	（2）重点与难点：电子竞技赛事活动实施方案的主要内容	
					3）电子竞技赛事活动直转播应用 ①应用场景 ②常用设备 ③直转播流程		
		1-2-2 能提出新闻发布会实施流程	新闻发布会实施流程的提出	（2）新闻发布会的实施	1）新闻发布会实施方案的主要内容 ①确定发布会主题 ②确定发布会时间、地点 ③确定发布会流程 ④确定参会者，并发出媒体邀约 ⑤准备媒体打包材料 ⑥人员安排、会场布置 ⑦检查各项准备工作 ⑧发布会举行 ⑨发布会后续跟踪与报道	（1）方法：讲授法、案例教学法 （2）重点：新闻发布会的实施流程 （3）难点：新闻发布会实施方案的主要内容	4
					2）新闻发布会的实施流程 ①记者入场 ②媒体打包材料 ③新闻发布会举行 ④采访环节 ⑤发布会散场		

续表

2.1.3 三级 / 高级职业技能培训要求				2.2.3 三级 / 高级职业技能培训课程规范			
职业功能模块（模块）	培训内容（课程）	技能目标	培训细目	学习单元	课程内容	培训建议	课堂学时
1．活动策划	1-2 实施方案策划	1-2-2 能提出新闻发布会实施流程	新闻发布会实施流程的提出	（2）新闻发布会的实施	3）新闻发布会的现场互动 ①官方发言 ②问答互动 ③影像放映 4）新闻发布的传播方式 ①电视媒体直播 ②网络平台直播 ③新媒体文字直播 ④流媒体传播 ⑤短视频发布 ⑥纸媒传播 ⑦广播电台传播 ⑧网络录播		
		1-2-3 能提出相关论坛实施流程	（1）线上论坛实施流程的提出	（3）相关论坛的实施	1）论坛的类型与特点 ①线下论坛的类型与特点 ②线上论坛的类型与特点 2）线下论坛实施方案的主要内容 ①确定线下论坛主题 ②确定线下论坛时间、地点 ③确定线下论坛流程 ④确定参与者，并发出邀约 ⑤准备论坛打包材料 ⑥人员安排、会场布置 ⑦检查各项准备工作 ⑧线下论坛开展 ⑨线下论坛后续跟踪与报道	（1）方法：讲授法、案例教学法 （2）重点：线下论坛的实施流程	5

续表

2.1.3 三级 / 高级职业技能培训要求				2.2.3 三级 / 高级职业技能培训课程规范			
职业功能模块（模块）	培训内容（课程）	技能目标	培训细目	学习单元	课程内容	培训建议	课堂学时
1．活动策划	1–2 实施方案策划	1–2–3 能提出相关论坛实施流程	（2）线下论坛实施流程的提出	（3）相关论坛的实施	3）线下论坛的实施流程 ①人员入场 ②论坛进行 ③休息茶歇 ④论坛总结 ⑤论坛散场	（3）难点：线下论坛实施方案的主要内容	
					4）线上论坛实施方案的主要内容 ①确定线上论坛主题 ②确定线上论坛平台 ③确定人员安排 ④检查各项准备工作 ⑤线上论坛开展 ⑥线上论坛后续跟踪与报道		
					5）线上论坛的实施流程 ①选择板块 ②发布内容 ③实时互动 ④筛选并记录 ⑤整理并总结		
		1–2–4 能完成预计参加人数在 1 000 人以上 5 000 人以下的赛事活动相关报批	1 000～5 000 人赛事活动的报批	(4) 1 000～5 000 人赛事活动的报批	1）活动报批所需文件 ①承办者合法成立的证明以及安全责任人的身份证明 ②大型群众性活动方案及其说明 ③大型群众性活动安全工作方案 ④活动场所管理者同意提供活动场所的证明 ⑤大型群众性活动安全许可申请表 ⑥其他材料	（1）方法：讲授法、案例教学法	2

续表

2.1.3 三级 / 高级职业技能培训要求				2.2.3 三级 / 高级职业技能培训课程规范			
职业功能模块（模块）	培训内容（课程）	技能目标	培训细目	学习单元	课程内容	培训建议	课堂学时
1．活动策划	1-2 实施方案策划	1-2-4 能完成预计参加人数在 1 000 人以上 5 000 人以下的赛事活动相关报批	1 000～5 000 人赛事活动的报批	(4) 1 000～5 000 人赛事活动的报批	2）1 000～5 000 人的赛事活动报批流程 ①提交申请 ②材料初审 ③研究审核意见 ④责任部门审核 ⑤领取文书	(2) 重点与难点：活动报批所需文件	
					3）活动申报表的规范填写		
	1-3 相关文案写作	1-3-1 能编写电子竞技活动计划书	(1) 电子竞技活动计划书格式的确定 (2) 电子竞技活动计划书内容的编写	(1) 电子竞技活动计划书的编写	1）电子竞技活动计划书的格式要求 ①封面 ②目录 ③摘要 ④正文 ⑤落款	(1) 方法：讲授法、案例教学法、实训法 (2) 重点与难点：电子竞技活动计划书的主要内容	2
					2）电子竞技活动计划书的主要内容 ①活动目的 ②活动主题 ③活动组织 ④活动时间 ⑤进程安排 ⑥活动地点 ⑦资源需要		
					3）撰写电子竞技活动计划书		
		1-3-2 能编写电子竞技赛事竞赛规程	(1) 电子竞技赛事竞赛规程原则的制定	(2) 电子竞技赛事竞赛规程的编写	1）制定电子竞技赛事竞赛规程的原则 ①完整性 ②可行性 ③公平性 ④相对稳定性	(1) 方法：讲授法、案例教学法、实训法	2

续表

2.1.3 三级 / 高级职业技能培训要求				2.2.3 三级 / 高级职业技能培训课程规范			
职业功能模块（模块）	培训内容（课程）	技能目标	培训细目	学习单元	课程内容	培训建议	课堂学时
1．活动策划	1-3 相关文案写作	1-3-2 能编写电子竞技赛事竞赛规程	(2) 电子竞技赛事竞赛规程内容的编写	(2) 电子竞技赛事竞赛规程的编写	2）电子竞技赛事竞赛规程的主要内容 ①竞赛名称 ②竞赛时间、地点和举办单位 ③竞赛项目和组别 ④参加单位和各单位参加人数 ⑤竞赛办法 ⑥竞赛规则 ⑦录取名次与奖励 ⑧报名办法 ⑨抽签事宜 ⑩其他事项	(2) 重点与难点：电子竞技赛事竞赛规程的主要内容	
		1-3-3 能编写赛事相关活动方案	(1) 赛事相关活动方案种类的确定 (2) 赛事相关活动方案的编写	(3) 赛事相关活动方案的编写	1）赛事相关活动的种类 ①电子竞技赛事艺术表演活动 ②新闻采访活动 ③线下见面会 ④电子竞技赛事周边营销活动 2）赛事相关活动方案的编写 ①活动方案结构的确认 ②活动方案格式的编排 ③活动方案内容的填充	(1) 方法：讲授法、案例教学法、实训法 (2) 重点与难点：赛事相关活动方案的编写	2
		1-3-4 能进行新闻稿写作	(1) 新闻稿结构的确定	(4) 新闻稿的写作	1）新闻稿的写作原则 ①真实性 ②时新性 ③思想性 ④简明性	(1) 方法：讲授法、案例教学法、实训法	3

续表

2.1.3 三级 / 高级职业技能培训要求				2.2.3 三级 / 高级职业技能培训课程规范			
职业功能模块（模块）	培训内容（课程）	技能目标	培训细目	学习单元	课程内容	培训建议	课堂学时
1．活动策划	1–3 相关文案写作	1–3–4 能进行新闻稿写作	（2）新闻稿内容的编写	（4）新闻稿的写作	2）新闻稿的结构 ①标题 ②导语 ③主体 ④背景 ⑤结语	（2）重点：新闻稿的写作原则 （3）难点：新闻稿的结构与常用格式	
					3）新闻稿的常用格式 ①倒金字塔式 ②正金字塔式 ③折中式 ④平铺直叙式		
					4）主持稿的结构 ①开场白 ②中间内容 ③结束语		
					5）解说稿的结构 ①赛事介绍 ②赞助商口播		
2．活动营销	2–1 营销准备	2–1–1 能整理赛事活动相关信息并梳理赞助权益	电子竞技赛事常见赞助权益的梳理	（1）赞助权益的梳理	电子竞技赛事常见赞助权益 ①名称与称号 ②场地权益 ③知识产权权益 ④媒体权益 ⑤宣传推广权益 ⑥礼遇权益 ⑦拓展权益	（1）方法：讲授法、案例教学法 （2）重点与难点：电子竞技赛事常见赞助权益	3
		2–1–2 能根据营销计划对工作内容进行分解，并制订具体的工作计划	（1）营销计划的识读	（2）工作计划的制订	1）营销计划的主要内容 ①项目背景 ② SWOT 分析 ③策划目标 ④营销策略 ⑤行动方案	（1）方法：讲授法、案例教学法、实训法	5

续表

2.1.3 三级 / 高级职业技能培训要求				2.2.3 三级 / 高级职业技能培训课程规范			
职业功能模块（模块）	培训内容（课程）	技能目标	培训细目	学习单元	课程内容	培训建议	课堂学时
2. 活动营销	2-1 营销准备	2-1-2 能根据营销计划对工作内容进行分解，并制订具体的工作计划	（2）根据营销计划进行工作内容的分解 （3）工作计划的制订	（2）工作计划的制订	2）营销工作内容的要求 ①工作的分工与完成标准 ②工作任务质量与时间要求 ③营销效果的监测与评估	（2）重点：营销工作内容的要求 （3）难点：工作计划制订流程	
					3）工作计划制订流程 ①陈述任务 ②明确责任与目标 ③拟订工作策略 ④寻找必要资源 ⑤沟通并颁布计划		
		2-1-3 能汇总并整理营销实施所需的各种资料，如宣讲方案、合作商目录等	（1）营销实施所需资料的确认 （2）营销实施资料的归档整理	（3）营销实施资料的汇总与整理	1）营销实施资料来源 ①企业介绍手册 ②宣讲方案 ③合作商目录 ④其他资料	（1）方法：演示法、讲授法、实训法 （2）重点：营销实施资料来源的汇总 （3）难点：营销实施资料的整理方法	3
					2）营销实施资料的整理方法 ①按资料的内容和级别进行分类 ②对分类资料进行编码或标注 ③为分类资料制作档案信息表		
		2-1-4 能根据营销计划撰写邀请函	（1）邀请函结构 （2）邀请函内容的编写	（4）邀请函的撰写	邀请函撰写要求 ①设计文本格式 ②注意书面用语 ③称谓与表述使用 ④排版美观得体	（1）方法：讲授法、案例教学法、实训法 （2）重点：邀请函撰写要求	2

续表

2.1.3 三级 / 高级职业技能培训要求				2.2.3 三级 / 高级职业技能培训课程规范			
职业功能模块（模块）	培训内容（课程）	技能目标	培训细目	学习单元	课程内容	培训建议	课堂学时
2．活动营销	2-2 营销实施	2-2-1 能运用电话沟通技巧向客户销售电子竞技活动产品	（1）电话销售沟通话术的准备 （2）电话销售沟通时长与内容的设计	（1）电子竞技活动产品的电话销售	1）电话销售沟通话术的类型 ①请教式提问 ②引导式提问 ③建议式提问 ④探求式提问 ⑤肯定式提问 2）电话销售沟通的时间管理技巧 ①初次沟通技巧 ②多次回访技巧 3）电子竞技活动产品的优劣势研究 ①优势归纳 ②劣势回避 4）电话销售沟通内容的编排	（1）方法：演示法、讲授法、实训法 （2）重点：电话销售沟通话术 （3）难点：电子竞技活动产品的优劣势研究	5
		2-2-2 能提出拜访客户，施行业务洽谈的方案	（1）客户信息的确认 （2）双方业务合作方向的分析 （3）客户拜访技巧的总结 （4）业务洽谈方案的撰写	（2）客户拜访方案的制定	1）客户信息的确认 ①使用互联网进行信息查找 ②业内人士咨询 ③实地接触 2）双方业务合作方向分析 ①合作项统计 ②合作项可行性分析 3）客户拜访技巧 ①拜访准备 ②拜访形式 ③拜访日仪表规范 ④拜访日登门礼节 4）业务洽谈方案的撰写	（1）方法：讲授法、案例教学法、实训法 （2）重点：双方业务合作方向的分析 （3）难点：客户拜访技巧	6

续表

2.1.3 三级 / 高级职业技能培训要求				2.2.3 三级 / 高级职业技能培训课程规范			
职业功能模块（模块）	培训内容（课程）	技能目标	培训细目	学习单元	课程内容	培训建议	课堂学时
2．活动营销	2–2 营销实施	2–2–3 能面向潜在合作商进行赛事活动宣讲	（1）赛事活动宣讲主题及关键信息的确认 （2）赛事活动宣讲流程的确认 （3）赛事活动内容的宣讲	（3）赛事活动的宣讲	1）潜在合作商类型 ①设施设备供应商 ②技术服务商 ③快消品供应商 ④餐饮零售商 ⑤媒体渠道商 ⑥其他组织与机构	（1）方法：演示法、案例教学法、讲授法、实训法 （2）重点：活动宣讲的流程 （3）难点：赛事活动宣讲的实际技巧	6
					2）赛事活动宣讲的流程 ①开场 ②互动 ③产品介绍 ④宣讲总结		
					3）赛事活动宣讲方法与技巧 ①文稿中标题、短语的写作技巧 ②现场个人表达技巧		
					4）赛事活动宣讲中业务展示的方法 ①案例介绍（视频、图文） ②名人演讲 ③数据报表		
					5）赛事活动宣讲注意事项 ①赛事活动宣讲在整体活动中的时间及场地规划 ②活动宣讲的低成本控制 ③活动宣讲后的客户追踪		

续表

2.1.3 三级／高级职业技能培训要求				2.2.3 三级／高级职业技能培训课程规范			
职业功能模块（模块）	培训内容（课程）	技能目标	培训细目	学习单元	课程内容	培训建议	课堂学时
2．活动营销	2-2 营销实施	2-2-4 能组织潜在合作商参与营销活动	(1) 组织营销活动主题及关键信息的确认 (2) 组织营销活动流程的确认	(4) 营销活动的组织	1) 组织营销活动的流程 ①活动开幕及主持 ②活动议程推进 ③活动闭幕 ④活动记录及总结 2) 组织营销活动的方法与技巧 ①任务的分工 ②服务和接待标准的设置 ③场地的规划布置 3) 潜在合作商参与营销活动的方式 ①邀请潜在合作商参加电子竞技现场活动 ②邀请潜在合作商参加业务会议或专题庆典 ③邀请潜在合作商进行业务洽谈 4) 营销活动注意事项 ①营销活动的选择与筹备 ②营销活动的开展与维护 ③营销活动中的客户关注 ④营销活动后的客户追踪	(1) 方法：讲授法、案例教学法、实训法 (2) 重点：组织营销活动的流程 (3) 难点：组织营销活动的方法与技巧	6
3．宣传推广	3-1 执行计划制订	3-1-1 能对宣传推广方案进行准确理解	宣传推广方案的理解	(1) 宣传推广方案的识读	宣传推广方案的内容结构 ①宣传推广方案的阶段划分 ②宣传推广方案的各阶段推广方式	(1) 方法：讲授法、案例教学法、实训法 (2) 重点与难点：宣传推广方案的内容结构	1

续表

2.1.3　三级 / 高级职业技能培训要求				2.2.3　三级 / 高级职业技能培训课程规范			
职业功能模块（模块）	培训内容（课程）	技能目标	培训细目	学习单元	课程内容	培训建议	课堂学时
3．宣传推广	3-1　执行计划制订	3-1-2　能根据宣传推广方案对工作内容进行分解，并制订宣传推广执行计划	(1) 宣传推广方案工作阶段的分解 (2) 宣传推广方案工作内容的分解 (3) 宣传推广执行计划的制订	(2) 工作内容的分解与宣传推广执行计划的制订	1) 宣传推广工作的阶段 ①预热阶段 ②活动阶段 ③总结阶段 2) 宣传推广工作的内容 ①宣传材料准备 ②新闻、媒体广告宣传 ③直转播 ④媒体报道 ⑤开展推广活动 ⑥工作总结 3) 宣传推广执行计划的制订 ①宣传推广执行计划整体框架 ②项目阶段时间节点划分 ③各阶段内宣传推广方式安排 ④工作内容安排 ⑤人员分配 ⑥费用预算	(1) 方法：演示法、讲授法、实训法 (2) 重点：宣传推广执行计划的制订 (3) 难点：宣传推广工作的内容	5
	3-2　官方平台宣传	3-2-1　能熟练完成现代主流社交媒体官方平台的创建	主流社交媒体官方平台的创建	(1) 主流社交媒体官方平台的创建	1) 官方网站的创建 2) 官微及超话的创建 3) 公众号及小程序的创建	(1) 方法：演示法、讲授法、实训法 (2) 重点与难点：主流社交媒体官方平台的创建技巧	1
		3-2-2　能编写预计参加人数在 1 000 人以内的赛事活动官方平台宣传文案	赛事活动官方平台宣传文案的编写	(2) 官方平台宣传文案的编写	1) 赛事活动官方平台宣传文案的结构 ①赛事活动介绍 ②赛事活动规程	(1) 方法：讲授法、案例教学法、实训法	2

续表

2.1.3 三级 / 高级职业技能培训要求				2.2.3 三级 / 高级职业技能培训课程规范			
职业功能模块（模块）	培训内容（课程）	技能目标	培训细目	学习单元	课程内容	培训建议	课堂学时
3. 宣传推广	3-2 官方平台宣传	3-2-2 能编写预计参加人数在 1 000 人以内的赛事活动官方平台宣传文案	赛事活动官方平台宣传文案的编写	(2) 官方平台宣传文案的编写	2) 赛事活动官方平台宣传文案的写作要点 ①确认文案写作框架 ②内容准确规范、点明主题 ③语言准确精炼，通俗易懂 ④注意事项	(2) 重点与难点：赛事活动官方平台宣传文案的写作要点	
					3) 编写赛事活动官方平台宣传文案		
		3-2-3 能制作预计参加人数在 1 000 人以内赛事活动官方平台宣传配图	赛事活动官方平台宣传配图的制作	(3) 赛事活动官方平台宣传配图的制作	1) 常见的图片处理软件	(1) 方法：演示法、讲授法、实训法 (2) 重点与难点：赛事活动宣传配图的制作方法	3
					2) 赛事活动宣传配图的制作方法 ①配图素材的拼合 ②配图素材调整		
		3-2-4 能进行官方平台的综合维护与异常处理	(1) 官方平台的综合维护	(4) 官方平台的综合维护与异常处理	1) 官方平台综合维护的原则 ①保持整体内容结构一致 ②保持同一领域更新 ③保持更新频率及互动频率 ④尊重他人知识产权 ⑤遵守相关法律法规 ⑥遵守平台相关规定	(1) 方法：演示法、讲授法、实训法 (2) 重点：官方平台宣传异常的处理方法	3
					2) 官方平台综合维护的方法 ①用户反馈查阅 ②问题反馈解答 ③内容复核 ④注意维护频率		

续表

2.1.3 三级 / 高级职业技能培训要求				2.2.3 三级 / 高级职业技能培训课程规范			
职业功能模块（模块）	培训内容（课程）	技能目标	培训细目	学习单元	课程内容	培训建议	课堂学时
3．宣传推广	3-2 官方平台宣传	3-2-4 能进行官方平台的综合维护与异常处理	(2) 官方平台的异常处理	(4) 官方平台的综合维护与异常处理	3) 常见的官方平台异常问题 ①内容异常 ②账号异常	(3) 难点：官方平台综合维护的方法	
					4) 官方平台宣传异常的处理方法 ①内容复核及重新发布 ②账号问题处理及对接 ③处理过程记录归档		
	3-3 媒体渠道宣传	3-3-1 能编写预计参加人数在 1 000 人以内的赛事活动线上线下媒体渠道宣传文案	赛事活动线上线下媒体渠道宣传文案的编写	(1) 赛事活动媒体渠道宣传文案的编写	1) 赛事活动媒体渠道宣传文案的结构 ①赛事活动介绍 ②赛事活动规程 ③媒体合作内容	(1) 方法：讲授法、案例教学法、实训法 (2) 重点与难点：赛事活动媒体渠道宣传文案的写作要点	2
					2) 赛事活动媒体渠道宣传文案的写作要点 ①确认文案写作框架与逻辑 ②内容围绕主题引导用户 ③语言易懂且适当修饰 ④注意事项		
					3) 编写赛事活动媒体渠道宣传文案		
		3-3-2 能制作预计参加人数在 1 000 人以内的赛事活动线上线下媒体渠道宣传材料	赛事活动线上线下媒体宣传材料的制作	(2) 赛事活动媒体渠道宣传材料的制作与音视频内容的发布	1) 媒体宣传图片的制作方法 ①图片素材的拼合 ②图片素材的调整	(1) 方法：演示法、讲授法、实训法	8

续表

2.1.3 三级 / 高级职业技能培训要求				2.2.3 三级 / 高级职业技能培训课程规范			
职业功能模块（模块）	培训内容（课程）	技能目标	培训细目	学习单元	课程内容	培训建议	课堂学时
3．宣传推广	3-3 媒体渠道宣传	3-3-3 能制作预计参加人数在 1 000 人以内的赛事活动媒体渠道宣传音视频并发布	（1）赛事活动媒体渠道宣传音视频的制作 （2）音视频内容的发布	（2）赛事活动媒体渠道宣传材料的制作与音视频内容的发布	2）视频剪辑软件的使用方法 ①常用视频剪辑软件 ②基础剪辑方法 ③特效处理方法	（2）重点与难点：媒体宣传渠道的音视频制作	
					3）媒体宣传渠道的音视频制作 ①视频整体风格调整 ②视频长短和格式 ③音频内容搭配选择		
					4）宣传媒体渠道音视频内容的发布 ①发布工作对接 ②音视频内容交接		
		3-3-4 能进行媒体渠道的综合维护与异常处理	（1）媒体渠道的综合维护	（3）媒体渠道的综合维护与异常情况处理	1）媒体渠道的综合维护方法 ①媒体渠道对接 ②媒体渠道内容复核 ③注意对接频率	（1）方法：演示法、讲授法 （2）重点：媒体渠道宣传异常的处理方法	2
					2）媒体渠道的综合维护原则 ①保持与媒体渠道的信息交换 ②尊重他人知识产权 ③遵守相关法律法规 ④遵守平台相关规定		
					3）常见媒体渠道宣传异常问题 ①内容异常 ②传播异常		

续表

2.1.3 三级 / 高级职业技能培训要求				2.2.3 三级 / 高级职业技能培训课程规范			
职业功能模块（模块）	培训内容（课程）	技能目标	培训细目	学习单元	课程内容	培训建议	课堂学时
3．宣传推广	3-3 媒体渠道宣传	3-3-4 能进行媒体渠道的综合维护与异常处理	（2）媒体渠道的异常处理	（3）媒体渠道的综合维护与异常情况处理	4）媒体渠道宣传异常的处理方法 ①内容复核修改 ②媒体渠道对接处理 ③处理过程记录归档	（3）难点：媒体渠道的综合维护方法	
	3-4 线下活动推广	3-4-1 能组织执行预计参加人数在300人以内的线下推广活动	300人以内线下推广活动的组织执行	（1）线下推广活动的组织	1）人员、物资等要素确定 2）场地、流程等要素确定 3）经费预估与使用 4）报名渠道通知扩散 5）宣传内容对接 6）安全隐患预估	（1）方法：讲授法、案例教学法 （2）重点与难点：线下推广活动的组织	3
		3-4-2 能对预计参加人数在300人以内的线下推广活动现场异常情况进行处理	300人以内线下推广活动现场异常情况的处理	（2）线下推广活动现场异常情况的处理	1）线下推广活动组织执行常见异常情况 ①人员意外脱岗 ②物资运输及数量异常 ③现场设备异常 ④流程进度异常 ⑤安全异常 2）线下推广活动组织执行异常情况的处理方法 ①替补人员储备及人员调配 ②物资应急补充 ③现场设备调试及更换 ④流程进度调整 ⑤人员疏散 ⑥医务组应急处理及送治	（1）方法：讲授法、案例教学法 （2）重点与难点：线下推广活动组织执行异常情况的处理方法	3

续表

2.1.3 三级 / 高级职业技能培训要求				2.2.3 三级 / 高级职业技能培训课程规范			
职业功能模块（模块）	培训内容（课程）	技能目标	培训细目	学习单元	课程内容	培训建议	课堂学时
4．活动执行	4-1 现场观众管理	4-1-1 能对现场观众进行例行巡检	（1）现场观众巡检事宜的确定 （2）现场观众巡检路线及频次的确定 （3）对讲机的使用 （4）现场观众巡检情况的记录	（1）现场观众的例行巡检	1）现场观众巡检事宜 ①观众人身安全 ②观众财产安全 ③场地卫生	（1）方法：讲授法、案例教学法 （2）重点：现场观众巡检事宜 （3）难点：对讲机的使用	3
4．活动执行	4-1 现场观众管理	4-1-1 能对现场观众进行例行巡检	（1）现场观众巡检事宜的确定 （2）现场观众巡检路线及频次的确定 （3）对讲机的使用 （4）现场观众巡检情况的记录	（1）现场观众的例行巡检	2）巡检路线及频次	（1）方法：讲授法、案例教学法 （2）重点：现场观众巡检事宜 （3）难点：对讲机的使用	3
4．活动执行	4-1 现场观众管理	4-1-1 能对现场观众进行例行巡检	（1）现场观众巡检事宜的确定 （2）现场观众巡检路线及频次的确定 （3）对讲机的使用 （4）现场观众巡检情况的记录	（1）现场观众的例行巡检	3）对讲机的使用 ①频道式（信道式）对讲机的使用 ②频率式对讲机的使用	（1）方法：讲授法、案例教学法 （2）重点：现场观众巡检事宜 （3）难点：对讲机的使用	3
4．活动执行	4-1 现场观众管理	4-1-1 能对现场观众进行例行巡检	（1）现场观众巡检事宜的确定 （2）现场观众巡检路线及频次的确定 （3）对讲机的使用 （4）现场观众巡检情况的记录	（1）现场观众的例行巡检	4）巡检记录 ①日常情况登记 ②异常情况汇报	（1）方法：讲授法、案例教学法 （2）重点：现场观众巡检事宜 （3）难点：对讲机的使用	3
4．活动执行	4-1 现场观众管理	4-1-2 能制定现场观众管理细则	（1）现场观众进出场管理细则的制定 （2）现场观众观看管理细则的制定	（2）现场观众管理细则的制定	1）电子竞技赛事活动服务管理技巧 ①服务沟通技巧 ②团队合作技巧 ③服务应变技巧 ④服务心理调节	（1）方法：讲授法、案例教学法 （2）重点：现场观众进出场管理细则 （3）难点：现场观众观看管理细则	3
4．活动执行	4-1 现场观众管理	4-1-2 能制定现场观众管理细则	（1）现场观众进出场管理细则的制定 （2）现场观众观看管理细则的制定	（2）现场观众管理细则的制定	2）现场观众管理原则 ①耐心指导 ②冷静对待 ③公平公正 ④严格按章管理	（1）方法：讲授法、案例教学法 （2）重点：现场观众进出场管理细则 （3）难点：现场观众观看管理细则	3
4．活动执行	4-1 现场观众管理	4-1-2 能制定现场观众管理细则	（1）现场观众进出场管理细则的制定 （2）现场观众观看管理细则的制定	（2）现场观众管理细则的制定	3）现场观众进出场管理细则 ①安检 ②票务审查 ③现场通道管理	（1）方法：讲授法、案例教学法 （2）重点：现场观众进出场管理细则 （3）难点：现场观众观看管理细则	3
4．活动执行	4-1 现场观众管理	4-1-2 能制定现场观众管理细则	（1）现场观众进出场管理细则的制定 （2）现场观众观看管理细则的制定	（2）现场观众管理细则的制定	4）现场观众观看管理细则 ①秩序维护 ②卫生管理	（1）方法：讲授法、案例教学法 （2）重点：现场观众进出场管理细则 （3）难点：现场观众观看管理细则	3

续表

<table>
<tr><th colspan="4">2.1.3　三级 / 高级职业技能培训要求</th><th colspan="4">2.2.3　三级 / 高级职业技能培训课程规范</th></tr>
<tr><th>职业功能模块（模块）</th><th>培训内容（课程）</th><th>技能目标</th><th>培训细目</th><th>学习单元</th><th>课程内容</th><th>培训建议</th><th>课堂学时</th></tr>
<tr><td rowspan="4">4．活动执行</td><td rowspan="4">4-1　现场观众管理</td><td rowspan="2">4-1-3　能制定现场观众投诉处理办法</td><td rowspan="2">投诉处理办法的选择</td><td rowspan="2">（3）现场观众投诉处理办法的制定</td><td>1）投诉处理原则
①换位思考
②决不争辩
③满足需求
④迅速解决
⑤公平公正
⑥实事求是
⑦专人负责
⑧坚定立场
⑨决不损害赛事方利益</td><td rowspan="2">（1）方法：讲授法、案例教学法
（2）重点：投诉处理原则
（3）难点：常见投诉类型及处理办法</td><td rowspan="2">3</td></tr>
<tr><td>2）常见投诉类型及处理办法
①服务态度投诉处理办法
②服务质量投诉处理办法
③卫生投诉处理办法
④设施设备投诉处理办法
⑤突发性事件投诉处理办法</td></tr>
<tr><td rowspan="2">4-1-4　能处理现场观众投诉</td><td rowspan="2">现场观众投诉的处理</td><td rowspan="2">（4）现场观众投诉的处理</td><td>1）投诉处理流程
①接受投诉信息
②真诚道歉
③寻求最佳解决方案
④达成协议
⑤采取快速行动
⑥持续跟进</td><td rowspan="2">（1）方法：讲授法、案例教学法
（2）重点：投诉处理流程
（3）难点：投诉处理技巧</td><td rowspan="2">3</td></tr>
<tr><td>2）投诉处理技巧
①语言技巧
②接待技巧
③处理升级投诉的技巧</td></tr>
</table>

续表

2.1.3 三级 / 高级职业技能培训要求				2.2.3 三级 / 高级职业技能培训课程规范			
职业功能模块（模块）	培训内容（课程）	技能目标	培训细目	学习单元	课程内容	培训建议	课堂学时
4. 活动执行	4-1 现场观众管理	4-1-5 能处理现场观众出现的异常情况	（1）现场观众常见异常情况的判断 （2）常见异常情况处理办法的选择	（5）现场观众异常情况的处理	1）异常情况处理的原则 ①客户至上 ②冷静对待，理性克制 ③严守条令秩序 ④及时沟通与汇报 2）常见异常情况及处理办法 ①行为异常处理办法 ②情绪异常处理办法	（1）方法：讲授法、案例教学法 （2）重点：异常情况处理的原则 （3）难点：常见异常情况及处理办法	3
	4-2 现场来宾管理	4-2-1 能对现场选手和嘉宾进行例行巡检	（1）现场选手和嘉宾巡检事宜的确定 （2）现场选手和嘉宾巡检路线及频次的确定 （3）现场选手和嘉宾巡检情况的记录	（1）现场选手和嘉宾的例行巡检	1）现场选手和嘉宾巡检事宜 2）巡检路线及频次 3）现场选手和嘉宾巡检情况的记录 ①日常情况登记 ②异常情况汇报	（1）方法：讲授法、案例教学法 （2）重点：现场选手和嘉宾巡检事宜 （3）难点：现场选手和嘉宾巡检情况的记录	3
		4-2-2 能制定现场嘉宾管理细则	现场嘉宾管理细则的制定	（2）现场嘉宾管理细则的制定	1）现场嘉宾管理原则 ①耐心指导 ②冷静对待 ③公平公正 ④严格按章管理 2）现场嘉宾管理技巧 ①及时确认嘉宾情况 ②实时跟进前、后台进度情况 ③及时传递信息 3）现场嘉宾管理细则	（1）方法：讲授法、案例教学法 （2）重点：现场嘉宾管理细则 （3）难点：现场嘉宾管理技巧	3

续表

2.1.3 三级/高级职业技能培训要求				2.2.3 三级/高级职业技能培训课程规范			
职业功能模块（模块）	培训内容（课程）	技能目标	培训细目	学习单元	课程内容	培训建议	课堂学时
4. 活动执行	4-2 现场来宾管理	4-2-3 能制定现场选手管理手册	现场选手管理手册的制定	（3）现场选手管理手册的制定	1）现场选手管理原则 2）现场选手管理手册内容 ①赛制及日程 ②比赛规则 ③违规行为及处罚 ④药检规范	（1）方法：讲授法、案例教学法 （2）重点：现场选手管理原则 （3）难点：现场选手管理手册内容	3
		4-2-4 能制定现场选手和嘉宾投诉处理办法	现场选手和嘉宾常见投诉处理办法的选择	（4）现场选手和嘉宾投诉处理办法的制定	1）投诉处理原则 ①态度和蔼原则 ②公平公正原则 ③实事求是原则 ④处理迅速原则 ⑤专人专项原则 2）常见投诉类型及处理办法 ①服务投诉处理办法 ②工作环境投诉处理办法 ③工作流程投诉处理办法 ④设施设备投诉处理办法 ⑤突发性事件投诉处理办法 ⑥赛事监管投诉处理办法	（1）方法：讲授法、案例教学法 （2）重点：投诉处理原则 （3）难点：常见投诉类型及处理办法	4
		4-2-5 能处理选手及嘉宾的投诉	选手及嘉宾投诉的处理	（5）选手及嘉宾投诉的处理	1）投诉处理流程 ①接受投诉信息 ②寻求最佳解决方案 ③采取快速行动 ④持续跟进	（1）方法：讲授法、案例教学法 （2）重点：投诉处理流程	4

续表

2.1.3 三级 / 高级职业技能培训要求				2.2.3 三级 / 高级职业技能培训课程规范			
职业功能模块（模块）	培训内容（课程）	技能目标	培训细目	学习单元	课程内容	培训建议	课堂学时
4．活动执行	4-2 现场来宾管理	4-2-5 能处理选手及嘉宾的投诉	选手及嘉宾投诉的处理	（5）选手及嘉宾投诉的处理	2）投诉处理技巧 ①处理投诉的语言技巧 ②沟通技巧 ③处理升级投诉的技巧	（3）难点：投诉处理技巧	
		4-2-6 能处理选手及嘉宾出现的异常情况	（1）选手及嘉宾异常情况的判断 （2）选手及嘉宾常见异常情况处理办法的选择	（6）选手及嘉宾异常情况处理	1）异常情况处理的原则 ①活动为主 ②冷静对待，理性克制 ③严守规定和秩序 ④及时沟通与汇报	（1）方法：讲授法、案例教学法 （2）重点：异常情况处理的原则 （3）难点：常见异常情况及处理办法	3
					2）常见异常情况及处理办法 ①行为异常处理办法 ②情绪异常处理办法		
	4-3 现场设备管理	4-3-1 能对现场设施设备进行例行巡检	（1）现场设施设备巡检内容的确定 （2）现场设施设备巡检路线及频次的确定 （3）现场设施设备巡检情况的记录	（1）现场设施设备的例行巡检	1）巡检内容 ①设施设备外观及清洁 ②设施设备试运行 ③设施设备功能调节	（1）方法：讲授法、案例教学法 （2）重点：巡检内容 （3）现场设施设备巡检情况的记录	2
					2）巡检路线及频次		
					3）现场设施设备巡检情况的记录 ①日常情况登记 ②异常情况汇报		
		4-3-2 能制定现场设施及电子竞技设备管理细则	现场设施及电子竞技设备管理细则的制定	（2）现场设施管理细则的制定	1）设施设备的使用 ①设备使用说明 ②设备使用规范	（1）方法：讲授法、案例教学法	3

续表

2.1.3 三级 / 高级职业技能培训要求				2.2.3 三级 / 高级职业技能培训课程规范			
职业功能模块（模块）	培训内容（课程）	技能目标	培训细目	学习单元	课程内容	培训建议	课堂学时
4．活动执行	4-3 现场设备管理	4-3-2 能制定现场设施及电子竞技设备管理细则	现场设施及电子竞技设备管理细则的制定	（2）现场设施管理细则的制定	2）设施设备的检查与保养 ①设施设备检查 ②设施设备保养	（2）重点：设施设备的使用 （3）难点：设施设备事故处理	
					3）设施设备的维修 ①维修原则 ②维修类型		
					4）设施设备的安全防护 ①防护设施 ②防护操作		
					5）设施设备事故处理 ①一般事故处理 ②重大事故处理		
					6）罚则 ①经济处罚 ②追究法律责任		
		4-3-3 能对现场设施设备进行异常情况处理	（1）现场设施设备异常情况的判断 （2）设施设备异常情况处理办法的选择	（3）现场设施设备异常情况的处理	1）常见异常情况类型 ①照明系统异常 ②供电系统异常 ③暖通系统异常 ④影音播放系统异常 ⑤智能设施异常 ⑥消防设施异常 ⑦通道设施异常 ⑧电子竞技设备异常 ⑨其他设施设备异常	（1）方法：讲授法、案例教学法 （2）重点：异常情况类型 （3）难点：常见异常情况的处理方法	2
					2）常见异常情况的处理方法 ①确认设施设备异常类型 ②联系相关维修人员 ③设施设备异常情况的处理汇报		

续表

2.1.3 三级 / 高级职业技能培训要求				2.2.3 三级 / 高级职业技能培训课程规范			
职业功能模块（模块）	培训内容（课程）	技能目标	培训细目	学习单元	课程内容	培训建议	课堂学时
4. 活动执行	4-4 现场后勤管理	4-4-1 能进行赛事活动现场安全巡检	（1）现场安全隐患的排查 （2）安全设施隐患的排查	（1）赛事活动现场的安全巡检	1）现场安全隐患排查 ①临时建筑质量检查 ②电气设备的检查 2）安全设施隐患排查 ①疏散通道排查 ②消防设施设备排查	（1）方法：讲授法、案例教学法 （2）重点：现场安全隐患排查 （3）难点：安全设施隐患排查	2
		4-4-2 能制定活动现场安全应急管理细则和消防管理细则	（1）活动安全应急管理细则的制定 （2）消防管理细则的制定	（2）活动现场安全应急管理细则和消防管理细则的制定	1）现场后勤管理技巧 ①管理模式的规范化 ②管理工作的合理化 ③管理体系的完善化 ④联系实际开展工作 2）活动现场安全应急管理细则 ①组织与职责 ②应急准备 ③应急响应和救援 ④应急状态终止 ⑤奖惩 3）活动现场消防管理细则 ①火灾预防 ②消防组织 ③火灾扑救 ④消防监督 ⑤奖励与惩罚	（1）方法：讲授法、案例教学法 （2）重点：活动现场消防管理细则 （3）难点：活动现场安全应急管理细则	3

续表

<table>
<tr><td colspan="4">2.1.3　三级 / 高级职业技能培训要求</td><td colspan="4">2.2.3　三级 / 高级职业技能培训课程规范</td></tr>
<tr><td>职业功能模块（模块）</td><td>培训内容（课程）</td><td>技能目标</td><td>培训细目</td><td>学习单元</td><td>课程内容</td><td>培训建议</td><td>课堂学时</td></tr>
<tr><td rowspan="9">4．活动执行</td><td rowspan="9">4-4　现场后勤管理</td><td rowspan="9">4-4-3　能对现场进行异常情况处理</td><td rowspan="9">（1）后勤异常情况的判断
（2）处理异常情况办法的选择</td><td rowspan="9">（3）现场异常情况的处理</td><td>1）食宿异常处理办法</td><td rowspan="9">（1）方法：讲授法、案例教学法
（2）重点与难点：现场异常情况的处理</td><td rowspan="9">3</td></tr>
<tr><td>2）医疗异常处理办法</td></tr>
<tr><td>3）交通异常处理办法</td></tr>
<tr><td>4）安全保洁异常处理办法</td></tr>
<tr><td>5）外联异常处理办法</td></tr>
<tr><td>6）电力、网络异常处理办法</td></tr>
<tr><td>7）物资异常处理办法</td></tr>
<tr><td>8）财务异常处理办法</td></tr>
<tr><td>9）天气异常处理办法</td></tr>
<tr><td colspan="7">课堂学时合计</td><td>150</td></tr>
</table>

附录 4　二级 / 技师职业技能培训要求与课程规范对照表

<table>
<tr><td colspan="4">2.1.4　二级 / 技师职业技能培训要求</td><td colspan="4">2.2.4　二级 / 技师职业技能培训课程规范</td></tr>
<tr><td>职业功能模块（模块）</td><td>培训内容（课程）</td><td>技能目标</td><td>培训细目</td><td>学习单元</td><td>课程内容</td><td>培训建议</td><td>课堂学时</td></tr>
<tr><td rowspan="2">1．活动策划</td><td rowspan="2">1-1　活动方案调研</td><td rowspan="2">1-1-1　能根据调研目的选择调研范围与对象</td><td rowspan="2">（1）调研范围的选择</td><td rowspan="2">（1）调研范围与对象的选择</td><td>1）调研范围的选择技巧
①根据地理位置选择
②根据电子竞技活动规模确定</td><td rowspan="2">（1）方法：讲授法、案例教学法、实训法
（2）重点：调研范围的选择技巧</td><td rowspan="2">2</td></tr>
<tr><td>2）调研对象的选择技巧
①根据年龄选择
②根据性别选择
③根据受教育水平选择</td></tr>
</table>

续表

2.1.4 二级 / 技师职业技能培训要求				2.2.4 二级 / 技师职业技能培训课程规范			
职业功能模块（模块）	培训内容（课程）	技能目标	培训细目	学习单元	课程内容	培训建议	课堂学时
1．活动策划	1-1 活动方案调研	1-1-1 能根据调研目的选择调研范围与对象	（2）调研对象的选择	（1）调研范围与对象的选择	④根据经济水平选择 ⑤根据历史风俗选择 ⑥根据职业选择	（3）难点：调研对象的选择技巧	
		1-1-2 能根据调研目的确定调研内容	调研内容的确定	（2）调研内容的确定	1）调研内容 ①目标市场 ②产品服务 ③消费者 ④竞争对手 ⑤营销环境 ⑥广告效果 2）调研内容的确定方法 ①综合评价法 ②专家调查法 ③层次分析法	（1）方法：讲授法、案例教学法 （2）重点：调研内容的确定 （3）难点：调研内容的确定方法	2
		1-1-3 能根据调研目的选择调研方法	调研方法的选择	（3）调研方法	1）实地调研法 2）问卷调研法 3）抽样调研法 4）会议调研法 5）访谈调研法 6）文献调研法	（1）方法：讲授法、案例教学法、实训法 （2）重点与难点：调研方法	2
		1-1-4 能完成调研方案的撰写	（1）调研方案结构的确定	（4）调研方案的撰写	1）调研方案的概念 2）调研方案的作用 ①对调研工作的统筹规划 ②指导调研计划的制订 ③指导调查问卷的编制 3）调研方案的主要内容 ①调研背景 ②调研目的 ③调研范围与对象	（1）方法：讲授法、案例教学法、实训法	2

续表

2.1.4 二级 / 技师职业技能培训要求				2.2.4 二级 / 技师职业技能培训课程规范			
职业功能模块（模块）	培训内容（课程）	技能目标	培训细目	学习单元	课程内容	培训建议	课堂学时
1．活动策划	1-1 活动方案调研	1-1-4 能完成调研方案的撰写	（2）调研方案内容的撰写	（4）调研方案的撰写	④调研机构人员组成 ⑤调研项目（内容） ⑥调研形式 ⑦调研时间 ⑧经费预算	（2）重点与难点：调研方案的主要内容	
	1-2 活动整体策划	1-2-1 能完成电子竞技活动战略规划	（1）战略规划方法的选择 （2）战略分析模型的构建	（1）电子竞技活动战略规划的制定	1）战略规划的定义 2）战略规划的组成 ①方向和目标 ②约束和政策 ③计划和指标 3）战略分析的常用模型 ① SWOT 分析模型 ② SPACE 矩阵 ③ SCP 分析模型 4）制定战略规划的方法 ①领导层授意，自上而下逐级制定 ②自下而上，以事业单位为核心制定 ③领导层建立规划部门，由规划部门制定 ④委托负责、守信、权威的咨询机构制定 ⑤企业与咨询机构合作制定	（1）方法：讲授法、案例教学法、实训法 （2）重点：战略规划的组成 （3）难点：战略分析的常用模型	4
		1-2-2 能完成电子竞技活动组织规划	电子竞技活动组织规划的制定	（2）电子竞技活动组织规划的制定	1）形式组织结构的构成 ①主办单位 ②承办单位 ③协办单位 ④支持单位	（1）方法：讲授法、案例教学法、实训法	3

续表

2.1.4 二级 / 技师职业技能培训要求				2.2.4 二级 / 技师职业技能培训课程规范			
职业功能模块（模块）	培训内容（课程）	技能目标	培训细目	学习单元	课程内容	培训建议	课堂学时
1．活动策划	1–2 活动整体策划	1–2–2 能完成电子竞技活动组织规划	电子竞技活动组织规划的制定	（2）电子竞技活动组织规划的制定	2）运行组织结构的构成 ①活动组织委员会 ②专业委员会	（2）重点：组织的规划方法与技巧 （3）难点：影响组织规划的因素	
					3）影响组织规划的因素 ①战略与结构 ②规模与结构 ③技术与结构 ④环境的不确定性 ⑤组织发展阶段		
					4）组织规划的步骤 ①职务的分析与设计 ②部门划分 ③形成组织的结构 ④反馈和修正		
					5）组织的规划方法与技巧 ①工作专门化 ②部门化 ③指挥链 ④管理跨度 ⑤集权和分权 ⑥正规化		
		1–2–3 能完成电子竞技活动总体方案的撰写	（1）电子竞技活动总体方案的设计	（3）电子竞技活动总体方案的撰写	1）电子竞技活动总体方案的内容 ①时间、地点及设施 ②活动形式及技术要求 ③经费预算 ④参演人员及嘉宾 ⑤活动总体流程策划 ⑥活动宣传媒介 ⑦商务合作	（1）方法：讲授法、案例教学法、实训法	3

续表

2.1.4　二级 / 技师职业技能培训要求				2.2.4　二级 / 技师职业技能培训课程规范			
职业功能模块（模块）	培训内容（课程）	技能目标	培训细目	学习单元	课程内容	培训建议	课堂学时
1．活动策划	1-2　活动整体策划	1-2-3　能完成电子竞技活动总体方案的撰写	（2）电子竞技活动总体方案的撰写	（3）电子竞技活动总体方案的撰写	2）电子竞技活动总体方案的格式 ①背景 ②主题 ③活动目的 ④活动时间 ⑤活动地点 ⑥人员安排 ⑦奖项设置 ⑧活动流程 ⑨应急处理	（2）重点：电子竞技活动总体方案的撰写方法 （3）难点：常用电子竞技活动总体方案的撰写技巧	
					3）电子竞技活动总体方案的撰写方法 ①构思 ②提纲 ③讨论 ④编撰		
					4）常用电子竞技活动总体方案的撰写技巧 ①认真分析活动需求 ②参考优秀模板 ③日常积累素材 ④积累撰写经验 ⑤根据反馈持续改进		
	1-3　实施方案策划	1-3-1　能策划电子竞技活动整体流程方案	电子竞技活动整体流程方案的策划	（1）电子竞技活动整体流程方案的策划	1）电子竞技活动整体方案的内容 ①电子竞技活动背景与目标描述 ②电子竞技活动时间安排 ③电子竞技活动现场布置方案和场务人员安排 ④电子竞技活动硬件设备和活动软件选择	（1）方法：讲授法、案例教学法、实训法	2

续表

2.1.4　二级 / 技师职业技能培训要求				2.2.4　二级 / 技师职业技能培训课程规范			
职业功能模块（模块）	培训内容（课程）	技能目标	培训细目	学习单元	课程内容	培训建议	课堂学时
1．活动策划	1-3　实施方案策划	1-3-1　能策划电子竞技活动整体流程方案	电子竞技活动整体流程方案的策划	（1）电子竞技活动整体流程方案的策划	⑤电子竞技活动环节安排 ⑥奖项及奖品安排 ⑦费用预算 ⑧注意事项	（2）重点与难点：电子竞技活动整体流程方案的策划方法	
					2）电子竞技活动整体流程方案的策划方法 ①移植法 ②重点法 ③组合法 ④分解法		
		1-3-2　能提出电子竞技赛事开幕式、闭幕式实施流程	（1）电子竞技赛事开幕式实施流程的制定 （2）电子竞技赛事闭幕式实施流程的制定	（2）电子竞技赛事开幕式、闭幕式实施流程的制定	1）电子竞技赛事开幕式的主要内容 ①开场表演 ②主持人开场白 ③选手、教练入场 ④选手、教练介绍	（1）方法：讲授法、案例教学法、实训法 （2）重点与难点：电子竞技赛事开幕式、闭幕式主要内容	1
					2）电子竞技赛事闭幕式的主要内容 ①比赛结果的宣布 ②颁奖仪式 ③选手、教练退场 ④闭幕表演 ⑤相关赛事预告		
		1-3-3　能制定财务预算方案	财务预算方案的制定	（3）财务预算方案的制定	1）财务预算的组成 ①现场费用预算 ②活动技术费用预算 ③活动营销费用预算 ④活动 ROI（投资回报率）计算	（1）方法：讲授法、案例教学法、实训法	4

续表

2.1.4 二级 / 技师职业技能培训要求				2.2.4 二级 / 技师职业技能培训课程规范			
职业功能模块（模块）	培训内容（课程）	技能目标	培训细目	学习单元	课程内容	培训建议	课堂学时
1．活动策划	1–3 实施方案策划	1–3–3 能制定财务预算方案	财务预算方案的制定	（3）财务预算方案的制定	2）财务预算方案的格式 ①方案名称 ②执行与监督部门 ③目的 ④适用范围 ⑤术语解释 ⑥预算方案编制说明 ⑦组织机构和职责分配 ⑧预算编制 ⑨预算控制与差异分析 ⑩预算考核与激励	（2）重点与难点：财务预算方案的制定步骤	
					3）常见的财务预算方案 ①现金预算方案 ②损益预算方案 ③项目支出预算方案 ④宣传成本预算方案		
					4）财务预算方案的制定步骤		
		1–3–4 能提出风险预测和控制要点	（1）风险的预测 （2）控制要点的确定	（4）风险预测与控制要点的提出	1）常见风险类型 ①政策风险 ②财务风险 ③技术风险 ④市场风险 ⑤管理风险 ⑥法律风险	（1）方法：讲授法、案例教学法、实训法 （2）重点：风险预案的编制要点 （3）难点：风险预测及控制要点	2
					2）风险预测及控制要点 ①风险预测方法 ②常见的风险控制要点		
					3）风险预案的编制要点		

续表

2.1.4　二级 / 技师职业技能培训要求				2.2.4　二级 / 技师职业技能培训课程规范			
职业功能模块（模块）	培训内容（课程）	技能目标	培训细目	学习单元	课程内容	培训建议	课堂学时
1．活动策划	1-3　实施方案策划	1-3-5　能完成预计参加人数 5 000 人以上赛事活动的相关报批	（1）相关文件的准备 （2）赛事活动的报批	（5）5 000 人以上赛事相关活动的报批	1）各类报批所需文件的准备 ①承办者合法成立的证明以及安全责任人的身份证明 ②大型群众性活动方案及其说明 ③大型群众性活动安全工作方案 ④活动场所管理者同意提供活动场所的证明 ⑤大型群众性活动安全许可申请表 ⑥其他材料 2）5 000 人以上赛事活动报批流程 ①提交申请 ②材料初审 ③研究审核意见 ④责任部门审核 ⑤领取文书	（1）方法：讲授法、案例教学法 （2）重点：各类报批所需文件的准备 （3）难点：5 000 人以上赛事活动报批流程	2
	1-4　相关文案写作	1-4-1　能撰写电子竞技活动立项调研报告	电子竞技活动立项调研报告的撰写	（1）电子竞技活动立项调研报告	1）电子竞技活动立项调研报告的写作依据 ①行业调查 ②政府调查 ③同类项目调查 ④用户调查 2）电子竞技活动立项调研报告的写作要点 ①项目名称 ②负责人 ③立项依据 ④活动项目内容 ⑤预期目标 ⑥实施方案 ⑦项目人员名单 ⑧项目计划进度 ⑨费用预算情况 ⑩项目承担部门申报审核意见	（1）方法：讲授法、案例教学法、实训法 （2）重点与难点：电子竞技活动立项调研报告的写作要点	2

续表

2.1.4　二级/技师职业技能培训要求				2.2.4　二级/技师职业技能培训课程规范			
职业功能模块（模块）	培训内容（课程）	技能目标	培训细目	学习单元	课程内容	培训建议	课堂学时
1．活动策划	1-4　相关文案写作	1-4-2　能撰写电子竞技活动整体流程方案和各类具体实施方案	（1）电子竞技活动整体流程方案的撰写 （2）各类具体实施方案的撰写	（2）电子竞技活动整体流程方案和各类具体实施方案的撰写	1）电子竞技活动整体流程方案的主要内容 ①电子竞技活动背景与目标描述 ②电子竞技活动时间安排 ③电子竞技活动现场布置方案和场务人员安排 ④电子竞技活动硬件设备和活动软件选择 ⑤电子竞技活动环节安排 ⑥奖项及奖品安排 ⑦费用预算 ⑧注意事项 2）各类具体实施方案的撰写 ①开幕式具体实施方案的撰写 ②闭幕式具体实施方案的撰写 ③其他活动具体实施方案的撰写	（1）方法：讲授法、案例教学法、实训法 （2）重点：电子竞技活动整体流程方案的主要内容 （3）难点：各类具体实施方案的撰写	2
		1-4-3　能编写电子竞技活动异常预案	电子竞技活动异常预案的编写	（3）电子竞技活动异常预案的编写	1）目的 2）主要职责与权限 3）预防措施 4）异常情况处理办法	（1）方法：讲授法、案例教学法、实训法 （2）重点与难点：异常预案的编写	1
2．活动营销	2-1　营销实施计划制订	2-1-1　能对营销实施计划进行审核，并提出优化建议	（1）营销实施计划的拟订	（1）营销实施计划的审核与优化建议	1）营销实施计划的制订技巧 ①确定目标 ②分析现状，预测未来 ③利用图表分解目标 ④规划可行性方案 ⑤进程预演	（1）方法：讲授法、案例教学法	3

续表

2.1.4　二级 / 技师职业技能培训要求				2.2.4　二级 / 技师职业技能培训课程规范			
职业功能模块（模块）	培训内容（课程）	技能目标	培训细目	学习单元	课程内容	培训建议	课堂学时
2. 活动营销	2-1　营销实施计划制订	2-1-1　能对营销实施计划进行审核，并提出优化建议	（2）营销实施计划的审核 （3）营销实施计划的优化	（1）营销实施计划的审核与优化	2）营销实施计划的审核内容 ①营销实施计划流程的审核 ②营销实施工作人员任务的审核 ③营销实施计划资源信息的审核 3）营销实施计划的优化建议 ①建立稳定的外部联系网络 ②内部管理模式的改进 ③加强员工的素质培训 ④利用互联网办公软件加强对信息的监控与集成	（2）重点：营销实施计划的审核内容 （3）难点：营销实施计划的优化建议	
		2-1-2　能根据实际情况对过程中出现的问题进行处理，并及时调整实施计划	（1）实施计划常见问题的预估 （2）实施计划具体问题的处理 （3）实施计划的调整及最终确定	（2）实施计划的问题处理与实施计划的调整	1）实施计划常见问题 ①人员配置异常 ②活动执行异常 ③供应链异常 ④意外事故影响 2）实施计划具体问题的处理方法 ①确保信息的快速传递与重复确认 ②厘清计划与现实状况的差异 ③评估现有资源及配置的运行效果 ④拟订新版计划 3）实施计划的调整技巧 ①替换计划执行方案 ②改变计划的目标与方向 ③变更计划的准备工期与活动日程 ④优化计划的外部配置条件	（1）方法：讲授法、案例教学法 （2）重点：实施计划常见问题的预估 （3）难点：实施计划具体问题的处理方法	2

续表

2.1.4 二级 / 技师职业技能培训要求				2.2.4 二级 / 技师职业技能培训课程规范			
职业功能模块（模块）	培训内容（课程）	技能目标	培训细目	学习单元	课程内容	培训建议	课堂学时
2．活动营销	2-2 营销准备	2-2-1 能根据营销实施计划准备招商材料	（1）营销实施所需招商材料的制作 （2）招商材料的管理	（1）招商材料的准备	1）招商材料的准备方法 ①了解招商政策与环境 ②收集并更新资质文件 ③设计招商委托文件 ④制定招商流程表 ⑤制作招商文案	（1）方法：讲授法、案例教学法 （2）重点与难点：招商材料的准备方法	1
					2）招商材料的管理 ①招商材料初稿的生成与更新 ②招商材料终稿的盖章、签署及保管		
		2-2-2 能根据营销实施计划编写赞助建议书	（1）赞助建议书结构的确定 （2）赞助建议书内容的撰写	（2）赞助建议书的编写	1）赞助建议书的作用 ①活动项目内容的整合与包装 ②提供赞助指导意见 ③活动推广	（1）方法：讲授法、案例教学法、实训法 （2）重点：赞助建议书的主要内容 （3）难点：赞助建议书相关信息的使用方法	3
					2）赞助建议书的主要内容 ①介绍活动主体与方案 ②赞助商的宣传点及获益点 ③赞助商的投资建议 ④决策期限		
					3）赞助建议书相关信息的使用方法 ①专业调研数据的使用 ②音视频的录制或转载 ③概念介绍性图文知识的使用		

续表

2.1.4 二级 / 技师职业技能培训要求				2.2.4 二级 / 技师职业技能培训课程规范			
职业功能模块（模块）	培训内容（课程）	技能目标	培训细目	学习单元	课程内容	培训建议	课堂学时
2．活动营销	2-2 营销准备	2-2-3 能根据营销实施计划明确与各方合作商的合作内容	（1）重要合作商的确认 （2）合作方诉求的统计与记录	（3）合作合同的拟订	1）重要合作商类型 ①赞助商 ②招商代理商 ③游戏厂商 ④直播平台 ⑤票务机构	（1）方法：讲授法、案例教学法、实训法 （2）重点：合作诉求的统计与记录方法 （3）难点：拟订合作合同的内容	2
					2）合作诉求的统计与记录方法 ①合作正式文件提交 ②会议文字、音频、视频记录		
		2-2-4 能根据营销实施计划拟订合作合同	（1）合作合同书内容的确认 （2）合作合同的撰写		3）合作合同的主要内容 ①当事人信息 ②标的 ③数量或品质 ④报酬 ⑤履行地点、期限及方式 ⑥违约责任 ⑦解决争议方法		
					4）合同拟订注意事项 ①有书面形式签订或盖章 ②各项条款表述精准 ③双方权责合理、有效 ④补充条款的设置		
	2-3 营销实施	2-3-1 能进行赞助商提案谈判	（1）赞助项目的业务对接	（1）赞助商商务合作的谈判	1）接受商业赞助的注意事项 ①遵守已有合作协议的规定 ②了解禁止宣传的产品类型 ③平衡短期与长期收益	（1）方法：讲授法、案例教学法、实训法	3

续表

2.1.4　二级 / 技师职业技能培训要求				2.2.4　二级 / 技师职业技能培训课程规范			
职业功能模块（模块）	培训内容（课程）	技能目标	培训细目	学习单元	课程内容	培训建议	课堂学时
2．活动营销	2-3　营销实施	2-3-1　能进行赞助商提案谈判	（2）谈判过程的确认 （3）赞助谈判策略的选择 （4）与赞助商进行相关权益的商讨	（1）赞助商商务合作的谈判	2）商务合作谈判的过程 ①开局 ②磋商 ③结束 ④重启	（2）重点：商务合作谈判的策略 （3）难点：不同赞助谈判场景中的应对	
					3）商务合作谈判的策略 ①与时间空间有关的策略 ②与物质有关策略 ③与信息有关策略 ④与有关人的策略 ⑤与需求有关策略 ⑥与价格有关策略		
					4）不同赞助谈判场景中的应对 ①强势应对 ②均势应对 ③劣势应对		
		2-3-2　能寻找招商代理商，并与之谈判	（1）招商代理商的选择 （2）谈判过程的确认	（2）招商代理商商务合作的谈判	1）招商代理商的类型 ①区域代理商 ②网络经销商 ③渠道合作商 ④个人合作商	（1）方法：讲授法、案例教学法、实训法 （2）重点：商务谈判的策略	3
					2）谈判的过程 ①开局 ②磋商 ③结束 ④重启		
					3）商务谈判的策略 ①与时间空间有关的策略		

续表

2.1.4 二级 / 技师职业技能培训要求				2.2.4 二级 / 技师职业技能培训课程规范			
职业功能模块（模块）	培训内容（课程）	技能目标	培训细目	学习单元	课程内容	培训建议	课堂学时
2．活动营销	2-3 营销实施	2-3-2 能寻找招商代理商，并与之谈判	（3）招商谈判策略的选择 （4）招商代理商相关权益的商讨	（2）招商代理商商务合作的谈判	②与物质有关策略 ③与信息有关策略 ④与有关人的策略 ⑤与需求有关策略 ⑥与价格有关策略	（3）难点：不同谈判场景中的应对	
					4）不同谈判场景中的应对 ①强势应对 ②均势应对 ③劣势应对		
		2-3-3 能与游戏厂商、直播平台等谈判并拟订合作合同	（1）游戏厂商的选择 （2）直播平台的选择确认 （3）谈判过程的确认	（3）与游戏厂商、直播平台商务合作的谈判	1）游戏厂商类型介绍 ①国内自研游戏商 ②代理及联合运营商 ③国外游戏商	（1）方法：讲授法、案例教学法、实训法 （2）重点：商务谈判的策略	4
					2）直播平台类型介绍 ①娱乐型直播 ②游戏直播 ③体育直播 ④电商型直播		
					3）谈判的过程 ①开局 ②磋商 ③结束 ④重启		
					4）商务谈判的策略 ①与时间空间有关的策略 ②与物质有关策略 ③与信息有关策略		

续表

2.1.4　二级 / 技师职业技能培训要求				2.2.4　二级 / 技师职业技能培训课程规范			
职业功能模块（模块）	培训内容（课程）	技能目标	培训细目	学习单元	课程内容	培训建议	课堂学时
2．活动营销	2–3　营销实施	2–3–3　能与游戏厂商、直播平台等谈判并拟订合作合同	（4）合作谈判策略的选择 （5）与游戏厂商、直播平台进行相关权益的商讨 （6）转播权的开发 （7）合作合同的拟订	（3）与游戏厂商、直播平台商务合作的谈判	④与有关人的策略 ⑤与需求有关策略 ⑥与价格有关策略	（3）难点：转播权开发流程与方法	
					5）不同谈判场景中的应对 ①强势应对 ②均势应对 ③劣势应对		
					6）转播权开发流程与方法 ①明确授权中的主体与客体 ②授权的范围 ③衍生作品知识产权归属 ④转播权特别约定		
					7）拟订与游戏厂商及直播平台的合作合同内容 ①当事人信息 ②标的 ③数量或品质 ④报酬 ⑤履行地点、期限及方式 ⑥违约责任 ⑦解决争议方法		
		2–3–4　能与票务机构谈判并拟订合作合同	（1）票务机构的选择 （2）谈判过程的确认	（4）票务机构商务合作的谈判	1）票务机构的挑选原则 ①票务机构的业务范围 ②票务机构的规模 ③直营销售能力 ④代理销售渠道数量 ⑤票务机构经营状况	（1）方法：讲授法、案例教学法、实训法	3

续表

<table>
<tr><th colspan="4">2.1.4　二级 / 技师职业技能培训要求</th><th colspan="4">2.2.4　二级 / 技师职业技能培训课程规范</th></tr>
<tr><th>职业功能模块（模块）</th><th>培训内容（课程）</th><th>技能目标</th><th>培训细目</th><th>学习单元</th><th>课程内容</th><th>培训建议</th><th>课堂学时</th></tr>
<tr><td rowspan="4">2．活动营销</td><td rowspan="4">2–3　营销实施</td><td rowspan="4">2–3–4　能与票务机构谈判并拟订合作合同</td><td rowspan="4">（3）合作谈判策略的选择
（4）与票务机构进行相关权益的商讨
（5）门票的开发
（6）合作合同的拟订</td><td rowspan="4">（4）票务机构商务合作的谈判</td><td>2）谈判的过程
①开局
②磋商
③结束
④重启</td><td rowspan="4">（2）重点：商务谈判的策略
（3）难点：门票开发流程与方法</td><td rowspan="4"></td></tr>
<tr><td>3）商务谈判的策略
①与时间空间有关的策略
②与物质有关策略
③与信息有关策略
④与有关人的策略
⑤与需求有关策略
⑥与价格有关策略</td></tr>
<tr><td>4）门票开发流程与方法
①确定门票的类型与定价
②门票销售过程的制定
③门票销售渠道的选择
④门票销售策略的制定</td></tr>
<tr><td>5）合作合同的拟订</td></tr>
<tr><td>3．宣传推广</td><td>3–1　执行计划制订</td><td>3–1–1　能制定宣传推广方案</td><td>宣传推广方案的制定</td><td>（1）宣传推广方案的制定</td><td>1）宣传推广方案的组成
①宣传推广目的
②宣传推广阶段分解
③宣传推广计划内容
④成本预估</td><td>（1）方法：讲授法、案例教学法、实训法</td><td>2</td></tr>
</table>

续表

2.1.4　二级 / 技师职业技能培训要求				2.2.4　二级 / 技师职业技能培训课程规范			
职业功能模块（模块）	培训内容（课程）	技能目标	培训细目	学习单元	课程内容	培训建议	课堂学时
3．宣传推广	3-1　执行计划制订	3-1-1　能制定宣传推广方案	宣传推广方案的制定	（1）宣传推广方案的制定	2）宣传推广方案的制定流程 ①确定宣传推广基本目标 ②确定各阶段时间 ③分析各阶段目标人群 ④选择宣传推广方式及渠道 ⑤整体成本预估	（2）重点与难点：宣传推广方案的制定方法	
		3-1-2　能对宣传推广执行计划进行审核，并提出优化建议	（1）宣传推广执行计划的审核 （2）宣传推广执行计划优化建议的提出	（2）宣传推广执行计划的审核与优化建议	1）宣传推广执行计划的制订技巧 ①根据阶段时间长度划分时间节点 ②根据项目主题设计宣传推广内容 ③根据宣传内容设计宣传广告调性 2）宣传推广执行计划的审核 ①推广流程规划审核 ②宣传渠道搭配审核 ③宣传物料设计核对 3）宣传推广执行计划的优化 ①推广进度优化 ②宣传渠道选择优化 ③宣传物料设计优化 ④工作计划安排优化	（1）方法：讲授法、案例教学法、实训法 （2）重点：宣传推广执行计划的制定与审核技巧 （3）难点：宣传推广执行计划的优化建议	2
		3-1-3　能根据实际情况对过程中出现的问题进行处理，并及时调整执行计划	（1）宣传推广执行过程中出现问题的处理	（3）宣传推广执行实际问题的处理与执行计划的调整	1）宣传推广执行计划实施过程中问题处理技巧 ①准备充足的材料与数据	（1）方法：讲授法、案例教学法、实训法	2

续表

2.1.4 二级 / 技师职业技能培训要求				2.2.4 二级 / 技师职业技能培训课程规范			
职业功能模块（模块）	培训内容（课程）	技能目标	培训细目	学习单元	课程内容	培训建议	课堂学时
3．宣传推广	3-1 执行计划制订	3-1-3 能根据实际情况对过程中出现的问题进行处理，并及时调整执行计划	（2）宣传推广执行计划的调整	（3）宣传推广执行实际问题的处理与执行计划的调整	②建立有组织、有纪律的行动纲要 ③调整计划的灵活性和变通性 ④调动人员积极性 2）根据宣传推广执行问题调整执行计划 ①工作进度问题调整 ②物料补齐及后备问题调整 ③人员分配调整	（2）重点：宣传推广执行计划的实施及问题处理技巧 （3）难点：根据宣传推广执行问题调整执行计划	
	3-2 官方平台宣传	3-2-1 能完成现代主流社交媒体官方平台的优化	社交媒体官方平台的优化	（1）社交媒体官方平台的优化	1）常见社交媒体官方平台的特点 ①短视频平台特点 ②长视频平台特点 ③公众号特点 ④微博特点 ⑤官方网站特点 2）不同社交媒体官方平台的优化技巧 ①根据平台特点进行内容优化 ②根据平台特点进行运营优化	（1）方法：讲授法、案例教学法、实训法 （2）重点：常见社交媒体官方平台的特点 （3）难点：不同社交媒体官方平台的优化技巧	3
		3-2-2 能制定赛事活动官方平台宣传方案	赛事活动的官方平台宣传方案的制定	（2）赛事活动的官方平台宣传方案的制定	1）赛事活动官方平台宣传方案的制定方法 ①明确设置各阶段目标 ②分析目标人群 ③分析竞争对手 ④分析宣传策略 ⑤制定时间进度及人员安排表 ⑥预估宣传成本 ⑦效果检测 ⑧风险预估	（1）方法：讲授法、案例教学法、实训法	4

续表

2.1.4　二级 / 技师职业技能培训要求				2.2.4　二级 / 技师职业技能培训课程规范			
职业功能模块（模块）	培训内容（课程）	技能目标	培训细目	学习单元	课程内容	培训建议	课堂学时
3．宣传推广	3-2　官方平台宣传	3-2-2　能制定赛事活动官方平台宣传方案	赛事活动的官方平台宣传方案的制定	（2）赛事活动的官方平台宣传方案的制定	2）赛事活动官方平台宣传方案的内容框架 ①宣传目标 ②宣传平台 ③各平台宣传工作内容 ④宣传时间阶段及周期 ⑤宣传人员安排 ⑥宣传成本预估 ⑦宣传效果标准 ⑧宣传风险预备方案	（2）重点与难点：赛事活动官方平台宣传方案的制定方法	
		3-2-3　能把控官方平台宣传材料的主题	官方平台宣传材料主题的把控	（3）官方平台宣传材料主题的把控	1）官方平台宣传材料主题的把控原则 ①符合社会价值观 ②符合法律法规规定 ③符合项目主题 ④符合目标用户群体 ⑤遵循导向原则及心理原则	（1）方法：讲授法、案例教学法 （2）重点：官方平台宣传材料主题的把控原则 （3）难点：官方平台宣传材料主题的把控方法	2
					2）官方平台宣传材料主题的把控方法 ①根据项目特点进行主题把控 ②根据目标群体进行主题把控		
		3-2-4　能制定官方平台宣传异常应急处理办法	官方平台宣传异常情况的应急处理办法的制定	（4）官方平台宣传异常情况应急处理办法的制定	1）常见的官方平台宣传异常 ①内容异常 ②传播异常	（1）方法：讲授法、案例教学法、实训法	2

续表

<table>
<tr><th colspan="4">2.1.4　二级 / 技师职业技能培训要求</th><th colspan="4">2.2.4　二级 / 技师职业技能培训课程规范</th></tr>
<tr><th>职业功能模块（模块）</th><th>培训内容（课程）</th><th>技能目标</th><th>培训细目</th><th>学习单元</th><th>课程内容</th><th>培训建议</th><th>课堂学时</th></tr>
<tr><td rowspan="6">3．宣传推广</td><td rowspan="2">3-2　官方平台宣传</td><td rowspan="2">3-2-4　能制定官方平台宣传异常应急处理办法</td><td rowspan="2">官方平台宣传异常情况的应急处理办法的制定</td><td rowspan="2">（4）官方平台宣传异常情况应急处理办法的制定</td><td>2）官方平台宣传异常应急处理技巧
①内容下架并进行内容优化
②正视问题，正面处理</td><td rowspan="2">（2）重点：常见的官方平台宣传异常
（3）难点：官方平台宣传异常应急处理技巧</td><td rowspan="2"></td></tr>
<tr><td>3）制定应急处理办法</td></tr>
<tr><td rowspan="4">3-3　媒体渠道宣传</td><td rowspan="2">3-3-1　能制定预计参加人数在 1 000 人以上的赛事活动媒体渠道宣传方案</td><td rowspan="2">1 000 人以上的赛事活动媒体渠道宣传方案的制定</td><td rowspan="2">（1）赛事活动媒体渠道宣传方案的制定</td><td>1）赛事活动媒体渠道宣传方案的制定方法</td><td rowspan="2">（1）方法：讲授法、案例教学法、实训法
（2）重点与难点：赛事活动媒体渠道宣传方案的制定方法</td><td rowspan="2">2</td></tr>
<tr><td>2）赛事活动媒体渠道宣传方案的内容框架</td></tr>
<tr><td rowspan="2">3-3-2　能设计预计参加人数在 1 000 人以上的赛事活动媒体宣传材料及视频的主题</td><td rowspan="2">1 000 人以上的赛事活动所使用的媒体宣传材料主题及视频主题的设计</td><td rowspan="2">（2）赛事活动宣传主题的设计</td><td>1）媒体渠道宣传材料主题的设计原则
①符合社会价值观
②符合法律法规规定
③符合项目主题
④符合目标用户群体
⑤遵循导向原则及心理原则
⑥符合合作双方共同权益</td><td rowspan="2">（1）方法：讲授法、案例教学法、实训法
（2）重点：媒体渠道宣传材料主题的设计原则
（3）难点：媒体渠道宣传材料主题的设计技巧</td><td rowspan="2">2</td></tr>
<tr><td>2）媒体渠道宣传材料主题的设计技巧
①根据项目特点设计主题
②根据目标群体特点设计主题
③根据合作内容设计主题</td></tr>
</table>

续表

2.1.4　二级 / 技师职业技能培训要求				2.2.4　二级 / 技师职业技能培训课程规范			
职业功能模块（模块）	培训内容（课程）	技能目标	培训细目	学习单元	课程内容	培训建议	课堂学时
3．宣传推广	3–3　媒体渠道宣传	3–3–3　能制定媒体渠道宣传异常应急处理办法	媒体渠道宣传异常情况的应急处理办法的制定	（3）媒体渠道宣传异常情况应急处理办法的制定	1）媒体渠道宣传异常应急处理技巧 2）制定应急处理办法	（1）方法：讲授法、案例教学法、实训法 （2）重点与难点：媒体渠道宣传异常应急处理技巧	2
	3–4　线下活动推广	3–4–1　能组织执行预计参加人数在300人以上的线下推广活动	300人以上的线下推广活动的组织执行	（1）300人以上线下推广活动的组织执行	1）推广活动组织执行的要点 ①人员、物资等要素确定 ②场地、流程等要素确定 ③经费预估与使用 ④参与渠道通知扩散 ⑤宣传内容对接 ⑥直转播对接 ⑦风险预估及应对措施 ⑧活动报备及报批 ⑨安保措施 2）推广活动组织执行的技巧	（1）方法：讲授法、案例教学法 （2）重点：推广活动组织执行的要点 （3）难点：推广活动组织执行的技巧	4
		3–4–2　能对预计参加人数在300人以上的线下推广活动现场异常情况进行处理	300人以上的线下推广活动中出现的异常情况的处理	（2）300人以上线下推广活动异常情况的处理	线下推广活动异常的处理技巧 ①人员临时调配 ②物资调配并同步进行补充 ③宣传内容调整对接 ④直转播设备调试及网络修复 ⑤伤病应急处理及送治 ⑥人员疏散	（1）方法：讲授法、案例教学法 （2）重点与难点：线下推广活动异常的处理技巧	2

续表

2.1.4　二级 / 技师职业技能培训要求				2.2.4　二级 / 技师职业技能培训课程规范			
职业功能模块（模块）	培训内容（课程）	技能目标	培训细目	学习单元	课程内容	培训建议	课堂学时
3．宣传推广	3-4　线下活动推广	3-4-3　能制定活动现场异常应急处理办法	活动现场中异常状况的应急处理办法的制定	（3）现场异常情况应急处理办法的制定	1）常见的线下推广活动紧急情况 ①断电 ②火灾 ③暴力事件 ④人员伤病 2）制定线下推广活动异常的应急处理办法 ①人员疏散及消防工作参与 ②暴力事件处理 ③人员伤病紧急处理及送治	（1）方法：讲授法、案例教学法 （2）重点：常见的线下推广活动紧急情况 （3）难点：制定线下推广活动异常的应急处理办法	2
4．活动执行	4-1　现场观众管理	4-1-1　能制定现场观众异常应急处理预案	现场观众异常应急处理预案的制定	（1）现场观众异常应急处理预案的制定	1）现场观众异常应急处理预案制定的原则 ①以人为本 ②全面完善 ③符合实际情况 ④合理分配应急处理人员 ⑤防止影响扩散 2）常见现场观众异常应急事件类型 ①治安事件 ②公共卫生事件 ③违反赛事活动管理制度事件 3）现场观众异常应急处理组织机构及职责 4）现场观众异常应急处置机制 ①预案启动与终止 ②应急处置 ③善后处理	（1）方法：讲授法、案例教学法、实训法 （2）重点：处置方案	4

续表

2.1.4 二级 / 技师职业技能培训要求				2.2.4 二级 / 技师职业技能培训课程规范			
职业功能模块（模块）	培训内容（课程）	技能目标	培训细目	学习单元	课程内容	培训建议	课堂学时
4. 活动执行	4-1 现场观众管理	4-1-1 能制定现场观众异常应急处理预案	现场观众异常应急处理预案的制定	（1）现场观众异常应急处理预案的制定	5）现场观众异常应急处置方案 ①治安事件处置方案 ②公共卫生事件处置方案 ③违反赛事活动管理制度事件处置方案	（3）难点：处置机制	
					6）应急保障措施 ①预警与防范 ②保障		
					7）编制现场观众异常应急处理预案		
		4-1-2 能组织工作人员进行现场观众应急情况处理	（1）现场观众应急情况处理小组的组建 （2）现场观众应急情况处理流程的确定	（2）现场观众应急情况处理的组织	1）现场观众应急情况处理小组的组织构成 ①综合协调人员 ②专业排危处理人员 ③警戒维护人员 ④医疗救护人员 ⑤后勤保障人员 ⑥善后处理人员 ⑦事故调查人员	（1）方法：讲授法、案例教学法、实训法 （2）重点：现场观众应急情况处理小组的组织构成 （3）难点：现场观众应急情况处理流程	3
					2）现场观众应急情况处理流程 ①情况紧急性判断 ②应急情况汇报 ③人员对接 ④应急情况处理 ⑤应急情况处理记录		
					3）现场观众应急情况处理技巧 ①统一指挥 ②灵活调配 ③合理善后		

续表

2.1.4　二级 / 技师职业技能培训要求				2.2.4　二级 / 技师职业技能培训课程规范			
职业功能模块（模块）	培训内容（课程）	技能目标	培训细目	学习单元	课程内容	培训建议	课堂学时
4．活动执行	4-1　现场观众管理	4-1-3　能制定现场观众管理制度	现场观众管理制度的制定	（3）现场观众管理制度的制定	1）制定现场观众管理制度的原则 ①遵守法律法规及相关管理条例 ②坚持实事求是，从实际出发 ③以人为本 ④简单高效 ⑤可监督，能落地 ⑥完善制度	（1）方法：讲授法、案例教学法、实训法 （2）重点：现场观众管理制度 （3）难点：制定现场观众管理制度的原则	3
					2）现场观众管理制度 ①总则 ②管理机构与职责 ③权利与义务 ④管理范围 ⑤纪律与监察		
	4-2　现场来宾管理	4-2-1　能制定选手及嘉宾异常应急处理预案	现场选手及嘉宾异常应急处理预案的制定	（1）选手及嘉宾异常应急处理预案的制定	1）选手及嘉宾异常应急处理预案制定原则 ①以人为本 ②全面完善 ③符合实际情况	（1）方法：讲授法、案例教学法、实训法 （2）重点：处置方案	4
					2）常见选手及嘉宾异常事件类型 ①治安事件 ②公共卫生事件 ③违反赛事活动管理制度事件 ④工作异常事件		
					3）组织机构及职责		
					4）处置机制 ①预案启动与终止 ②应急处置 ③善后处理		

续表

2.1.4　二级 / 技师职业技能培训要求				2.2.4　二级 / 技师职业技能培训课程规范			
职业功能模块（模块）	培训内容（课程）	技能目标	培训细目	学习单元	课程内容	培训建议	课堂学时
4．活动执行	4-2 现场来宾管理	4-2-1 能制定选手及嘉宾异常应急处理预案	现场选手及嘉宾异常应急处理预案的制定	（1）选手及嘉宾异常应急处理预案的制定	5）处置方案 ①治安事件处置方案 ②公共卫生事件处置方案 ③违反赛事活动管理制度事件处置方案 ④工作异常事件处置方案 6）应急保障措施 ①预警与防范 ②保障 7）编制选手及嘉宾异常应急处理预案	（3）难点：处置机制	
		4-2-2 能组织工作人员进行选手及嘉宾应急情况处理	（1）现场选手及嘉宾应急情况处理小组的组建 （2）现场选手及嘉宾应急情况处理流程的确定	（2）现场选手及嘉宾应急情况处理工作的组织	1）应急小组的组织构成 ①综合协调人员 ②专业排危处理人员 ③警戒维护人员 ④医疗救护人员 ⑤后勤保障人员 ⑥善后处理人员 ⑦事故调查人员 2）现场选手及嘉宾应急情况处理流程 ①情况紧急性判断 ②应急情况汇报 ③人员对接 ④应急情况处理 ⑤应急情况处理记录 3）现场选手及嘉宾应急情况组织处理技巧 ①统一指挥 ②灵活调配 ③合理善后	（1）方法：讲授法、案例教学法、实训法 （2）重点：应急小组的组织构成 （3）难点：现场选手及嘉宾应急情况处理流程	3

续表

2.1.4　二级 / 技师职业技能培训要求				2.2.4　二级 / 技师职业技能培训课程规范			
职业功能模块（模块）	培训内容（课程）	技能目标	培训细目	学习单元	课程内容	培训建议	课堂学时
4．活动执行	4-2　现场来宾管理	4-2-3　能根据选手管理手册对选手进行现场培训	（1）手册内容的讲解 （2）培训方式的选择 （3）志愿者管理流程的确定	（3）现场选手的培训	1）选手管理手册内容讲解重点 ①赛事活动安排确认 ②赛事活动规范的确定	（1）方法：讲授法、案例教学法、实训法 （2）重点：选手管理手册 （3）难点：培训方法及技巧	4
					2）培训方法及技巧 ①亲身沟通 ②现场彩排		
					3）志愿者的特点 ①专业性 ②复杂性 ③随机性 ④组织性 ⑤临时性		
					4）志愿者管理流程 ①招募规划 ②招募与选拔 ③培训 ④绩效评估 ⑤激励管理		
					5）志愿者管理注意事项 ①权益保障 ②志愿精神 ③权责关系		
		4-2-4　能制定现场来宾管理制度	现场来宾管理制度的制定	（4）现场来宾管理制度的制定	1）制定现场来宾管理制度的原则 ①遵守法律法规及相关管理条例 ②坚持实事求是，从实际出发 ③以人为本 ④简单高效 ⑤可监督，能落地 ⑥完善制度	（1）方法：讲授法、案例教学法、实训法 （2）重点：现场来宾管理制度的内容	3

续表

2.1.4 二级 / 技师职业技能培训要求				2.2.4 二级 / 技师职业技能培训课程规范			
职业功能模块（模块）	培训内容（课程）	技能目标	培训细目	学习单元	课程内容	培训建议	课堂学时
4. 活动执行	4-2 现场来宾管理	4-2-4 能制定现场来宾管理制度	现场来宾管理制度的制定	（4）现场来宾管理制度的制定	2）现场来宾管理制度的内容 ①总则 ②管理机构与职责 ③权利与义务 ④管理范围 ⑤纪律与监察	（3）难点：制定现场来宾管理制度的原则	
	4-3 现场设备管理	4-3-1 能制定设施设备异常应急处理预案	设施设备异常应急处理预案的制定	（1）设施设备异常应急处理预案的制定	1）设施设备异常应急处理预案制定原则 ①安全性 ②实用性 ③快速处理 ④专人专项	（1）方法：讲授法、案例教学法、实训法 （2）重点：处置方案 （3）难点：处置机制	4
					2）常见设施设备异常应急事件类型 ①设施设备损坏 ②设施设备准备不足		
					3）组织机构及职责		
					4）处置机制 ①预案启动与终止 ②应急处置 ③善后处理		
					5）处置方案 ①设施设备损坏处置方案 ②设施设备准备不足处置方案		
					6）应急保障措施 ①预警与防范 ②保障		
					7）编制设施设备异常应急处理预案		

续表

2.1.4 二级 / 技师职业技能培训要求				2.2.4 二级 / 技师职业技能培训课程规范			
职业功能模块（模块）	培训内容（课程）	技能目标	培训细目	学习单元	课程内容	培训建议	课堂学时
4. 活动执行	4-3 现场设备管理	4-3-2 能组织工作人员进行设施设备应急处理	（1）设施设备应急情况处理小组的组建 （2）设施设备应急情况处理流程的确定	（2）设施设备应急情况处理的组织	1）应急小组的组织构成 ①综合协调人员 ②专业排危处理人员 ③警戒维护人员 ④专业维修人员 ⑤后勤保障人员 ⑥善后处理人员 ⑦事故调查人员 2）设施设备应急情况处理流程 ①情况紧急性判断 ②应急情况汇报 ③人员对接 ④应急情况处理 ⑤应急情况处理记录 3）设施设备异常处理办法 ①维修 ②替换 ③补给	（1）方法：讲授法、案例教学法、实训法 （2）重点：应急小组的组织构成 （3）难点：设施设备应急情况处理流程	3
		4-3-3 能制定现场设施设备管理制度	现场设施设备管理制度的制定	（3）现场设施设备管理制度的制定	1）制定现场设施设备管理制度的原则 ①安全运行 ②精心维护 ③科学检修 ④管理责任明确 ⑤风险防控全面 2）现场设施设备管理制度 ①总则 ②设备的安装调试 ③设备运行操作 ④设备维护保养 ⑤设备风险管理	（1）方法：讲授法、案例教学法、实训法 （2）重点：现场设施设备管理制度 （3）难点：制定现场设施设备管理制度的原则	3

续表

2.1.4 二级 / 技师职业技能培训要求				2.2.4 二级 / 技师职业技能培训课程规范			
职业功能模块（模块）	培训内容（课程）	技能目标	培训细目	学习单元	课程内容	培训建议	课堂学时
4．活动执行	4–4 现场后勤管理	4–4–1 能制定安全事故应急处理预案	安全事故应急处理预案的制定	（1）安全事故应急处理预案制定	1）安全事故应急预案制定原则 ①人身安全第一位 ②标准化应急响应程序 ③符合实际情况 ④全面完善 2）常见安全事故类型 ①挤压、踩踏事故 ②暴力事件 ③火灾事故 ④漏电事故 ⑤不可抗力事故 3）组织机构及职责 4）处置机制 ①预案启动与终止 ②应急处置 ③善后处理 5）处置方案 ①挤压、踩踏事故处置方案 ②暴力事故处置方案 ③火灾事故处置方案 ④漏电事故处置方案 ⑤自然灾害事故处置方案 6）应急保障措施 ①预警与防范 ②保障 7）编制安全事故应急处理预案	（1）方法：讲授法、案例教学法、实训法 （2）重点：处置方案 （3）难点：处置机制	3

续表

2.1.4　二级 / 技师职业技能培训要求				2.2.4　二级 / 技师职业技能培训课程规范			
职业功能模块（模块）	培训内容（课程）	技能目标	培训细目	学习单元	课程内容	培训建议	课堂学时
4．活动执行	4-4　现场后勤管理	4-4-2　能制定现场断电、伤病事故等应急处理预案	断电、断网、伤病事故等应急处理预案的制定	（2）现场断电、断网、伤病事故等应急处理预案的制定	1）现场断电、断网、伤病事故等应急预案制定原则 ①人身安全第一位 ②标准化应急响应程序 ③符合实际情况 ④全面完善 2）组织机构及职责 3）处置机制 ①预案启动与终止 ②应急处置 ③善后处理 4）处置方案 ①断电、断网处置方案 ②伤病事故处置方案 5）应急保障措施 ①预警与防范 ②保障 6）编制现场断电、断网、伤病事故等应急处理预案的格式	（1）方法：讲授法、案例教学法、实训法 （2）重点：处置方案 （3）难点：处置机制	3
		4-4-3　能制定现场消防灭火、疏散应急预案	现场消防灭火、疏散应急预案的制定	（3）现场消防灭火、疏散应急预案的制定	1）现场消防灭火、疏散应急预案制定原则 ①人身安全第一位 ②标准化应急响应程序 ③符合实际情况 ④全面完善 2）组织机构及职责	（1）方法：讲授法、案例教学法、实训法	3

续表

2.1.4 二级 / 技师职业技能培训要求				2.2.4 二级 / 技师职业技能培训课程规范			
职业功能模块（模块）	培训内容（课程）	技能目标	培训细目	学习单元	课程内容	培训建议	课堂学时
4. 活动执行	4-4 现场后勤管理	4-4-3 能制定现场消防灭火、疏散应急预案	现场消防灭火、疏散应急预案的制定	(3) 现场消防灭火、疏散应急预案的制定	3）处置机制 ①预案启动与终止 ②应急处置 ③善后处理 4）处置方案 ①消防灭火处置方案 ②疏散应急处置方案 5）应急保障措施 ①预警与防范 ②保障 6）编制现场消防灭火、疏散应急处理预案	(2) 重点：处置方案 (3) 难点：处置机制	
		4-4-4 能组织工作人员进行异常应急处理	(1) 后勤应急处理小组的组建 (2) 后勤应急处理流程的确认	(4) 异常应急处理的组织	1）应急小组的组织构成 ①综合协调人员 ②专业排危处理人员 ③警戒维护人员 ④医疗救护人员 ⑤后勤保障人员 ⑥善后处理人员 ⑦事故调查人员 2）后勤应急处理流程 ①情况紧急性判断 ②应急情况汇报 ③人员对接 ④应急情况处理 ⑤应急情况处理记录 3）异常应急处理组织技巧 ①统一指挥 ②灵活调配 ③合理善后	(1) 方法：讲授法、案例教学法、实训法 (2) 重点：后勤应急处理流程 (3) 难点：异常应急处理组织技巧	4

续表

2.1.4 二级 / 技师职业技能培训要求				2.2.4 二级 / 技师职业技能培训课程规范			
职业功能模块（模块）	培训内容（课程）	技能目标	培训细目	学习单元	课程内容	培训建议	课堂学时
4．活动执行	4-4 现场后勤管理	4-4-5 能制定现场后勤保障管理制度	现场后勤保障管理制度的制定	（5）现场后勤保障管理制度的制定	1）制定现场后勤保障管理制度的原则 ①遵守法律法规及相关管理条例 ②坚持实事求是，从实际出发 ③以人为本 ④简单高效 ⑤可监督，能落地 ⑥完善制度 2）现场后勤保障管理制度 ①总则 ②管理机构与职责 ③权利与义务 ④管理范围 ⑤纪律与监察 ⑥奖惩制度	（1）方法：讲授法、案例教学法、实训法 （2）重点：制定现场后勤保障管理制度的原则 （3）难点：现场后勤保障管理制度	3
	4-5 赛事活动总结	4-5-1 能进行赛事活动资料归档	（1）赛事活动资料的分类 （2）赛事活动资料的归档	（1）赛事活动资料的归档	1）赛事活动资料归档范围 ①赛前资料 ②赛中资料 ③赛后资料 2）赛事活动资料归档要求 ①落实档案保管措施 ②制作赛事活动资料档案说明书 ③制作赛事活动资料档案目录 ④检查活动资料的阅读性	（1）方法：讲授法、案例教学法 （2）重点：赛事活动资料归档要求 （3）难点：赛事活动资料归档范围	3
		4-5-2 能进行赛事活动视频归档	（1）赛事活动视频的分类	（2）赛事活动视频的归档	1）赛事活动视频归档范围 ①活动宣传视频 ②赛事开幕式、闭幕式表演视频 ③比赛视频 ④采访报道视频	（1）方法：讲授法、案例教学法 （2）重点：视频存储要求	1

续表

2.1.4　二级 / 技师职业技能培训要求				2.2.4　二级 / 技师职业技能培训课程规范			
职业功能模块（模块）	培训内容（课程）	技能目标	培训细目	学习单元	课程内容	培训建议	课堂学时
4．活动执行	4-5　赛事活动总结	4-5-2　能进行赛事活动视频归档	（2）赛事活动视频的归档	（2）赛事活动视频的归档	2）视频存储要求 ①图像清晰，声音清楚 ②标注相关说明 ③视频备份	（3）难点：赛事活动视频归档范围	
		4-5-3　能进行赛事活动赞助商权益统计	（1）赞助商权益的分类 （2）赞助商权益统计表的制作	（3）赛事活动赞助商权益的统计	1）赞助商权益的分类 ①名称与称号 ②场地权益 ③知识产权权益 ④媒体权益 ⑤宣传推广权益 ⑥礼遇权益 ⑦拓展权益 2）赞助商权益统计表的制作	（1）方法：讲授法、案例教学法、实训法 （2）重点：赞助商权益统计表的制作 （3）难点：赞助商权益的分类	2
5．培训与指导	5-1　培训	5-1-1　能培训三级 / 高级工	（1）三级 / 高级工职业需求能力的确认 （2）培训考核方式的设置	（1）岗位的培训	1）三级 / 高级工职业需求能力 ①活动策划知识 ②活动营销知识 ③宣传推广技巧 ④活动执行技巧 2）培训方法	（1）方法：讲授法、案例教学法、实训法 （2）重点与难点：三级 / 高级工职业需求能力	2
		5-1-2　能制定专项培训方案	（1）培训教案结构的确定 （2）培训教案内容的撰写	（2）培训教案的编写	1）培训教案制定的原则 ①符合教学计划的要求 ②联系实际的原则 ③建立严谨的学科体系 ④兼顾稳定性与更新性 2）培训教案框架及内容 ①教学目标 ②教学任务分析 ③教学课时安排 ④教学方法与教学工具 ⑤板书设计 ⑥教学评价	（1）方法：讲授法、案例教学法、实训法 （2）重点：培训教案制定的原则 （3）难点：培训教案框架及内容的编写	2

续表

2.1.4　二级 / 技师职业技能培训要求				2.2.4　二级 / 技师职业技能培训课程规范			
职业功能模块（模块）	培训内容（课程）	技能目标	培训细目	学习单元	课程内容	培训建议	课堂学时
5．培训与指导	5–2　指导	5–2–1　能总结工作经验和技能	（1）工作经验的总结 （2）工作技能的总结	（1）工作经验和技能的总结	1）工作经验的总结 2）工作技能的总结	（1）方法：讲授法、案例教学法、实训法 （2）重点：工作经验的总结 （3）难点：工作技能的总结	3
		5–2–2　能传授工作经验和技能	（1）对三级 / 高级工进行理论指导 （2）向三级 / 高级工进行操作演示	（2）工作经验与技能的传授	1）对三级 / 高级工进行理论指导 ①口授工作经验 ②提供工作手册 2）对三级 / 高级工进行操作演示 ①培训模拟演示 ②工作实操演示	（1）方法：讲授法、实训法 （2）重点：对三级 / 高级工进行理论指导 （3）难点：对三级 / 高级工进行操作演示	2
课堂学时合计							154

附录 5　一级 / 高级技师职业技能培训要求与课程规范对照表

2.1.5　一级 / 高级技师职业技能培训要求				2.2.5　一级 / 高级技师职业技能培训课程规范			
职业功能模块（模块）	培训内容（课程）	技能目标	培训细目	学习单元	课程内容	培训建议	课堂学时
1．活动策划	1–1　活动方案调研	1–1–1　能完成调研背景分析	调研背景的分析	（1）调研背景的分析方法	1）根据政策因素分析 2）根据社会因素分析 3）根据市场因素分析 4）根据区位因素分析	（1）方法：讲授法、案例教学法 （2）重点与难点：调研背景的分析方法	2
		1–1–2　能确定调研目的	调研目的的确定	（2）调研目的的确定方法	1）拜访企业决策层 2）拜访行业专家 3）收集消费者及企业资料 4）收集竞品资料	（1）方法：讲授法、案例教学法 （2）重点与难点：调研目的的确定方法	1

续表

<table>
<tr><th colspan="4">2.1.5　一级 / 高级技师职业技能培训要求</th><th colspan="4">2.2.5　一级 / 高级技师职业技能培训课程规范</th></tr>
<tr><th>职业功能模块（模块）</th><th>培训内容（课程）</th><th>技能目标</th><th>培训细目</th><th>学习单元</th><th>课程内容</th><th>培训建议</th><th>课堂学时</th></tr>
<tr><td rowspan="7">1. 活动策划</td><td rowspan="7">1-1　活动方案调研</td><td rowspan="4">1-1-3　能制订调研的组织计划</td><td rowspan="4">调研组织计划的制订</td><td rowspan="4">（3）调研组织计划的制订</td><td>1）确定角色和职责安排</td><td rowspan="4">（1）方法：讲授法、案例教学法
（2）重点与难点：调研组织计划的制订方法</td><td rowspan="4">2</td></tr>
<tr><td>2）制订人员配备管理计划</td></tr>
<tr><td>3）制作组织关系图表</td></tr>
<tr><td>4）编写有关说明</td></tr>
<tr><td rowspan="3">1-1-4　能完成调研经费预算</td><td rowspan="3">（1）调研经费预算类目的确定
（2）调研经费预算方法的掌握</td><td rowspan="3">（4）调研经费预算</td><td>1）市场调研常见的各类经费
①固定人力成本
②物料损耗成本
③接待及信息咨询费用
④调研人员的差旅费用
⑤其他费用</td><td rowspan="3">（1）方法：讲授法、案例教学法、实训法
（2）重点：市场调研常见的各类经费
（3）难点：经费预算的方法</td><td rowspan="3">4</td></tr>
<tr><td>2）经费预算原则
①坚持量入为出的原则
②坚持实事求是的原则
③坚持综合预算的原则
④坚持部门预算的原则
⑤坚持零基预算的原则
⑥坚持一般不予调整预算的原则</td></tr>
<tr><td>3）经费预算的方法
①固定预算方法
②弹性预算方法
③增量预算方法
④零基预算方法
⑤定期预算方法
⑥滚动预算方法</td></tr>
</table>

续表

2.1.5　一级 / 高级技师职业技能培训要求				2.2.5　一级 / 高级技师职业技能培训课程规范			
职业功能模块（模块）	培训内容（课程）	技能目标	培训细目	学习单元	课程内容	培训建议	课堂学时
1．活动策划	1-1　活动方案调研	1-1-5　能审核调研报告并撰写结论	（1）调研报告的审核 （2）调研报告结论的撰写	（5）调研报告的审核与结论的撰写	1）调研报告的审核要求 2）调研报告结论的语言要求 ①精炼有力 ②逻辑严谨 ③准确完整 ④高度概括 3）调研报告结论的撰写	（1）方法：讲授法、案例教学法 （2）重点：调研报告结论的撰写 （3）难点：调研报告的审核要求	2
	1-2　活动整体策划	1-2-1　能制定电子竞技活动品牌发展策略	（1）品牌发展方向的确定 （2）品牌发展策略的选择 （3）电子竞技活动品牌发展战略的制定	（1）电子竞技活动品牌发展策略的制定	1）分析品牌发展环境 ①企业的核心能力 ②企业素质与企业活力 ③品牌的竞争力 ④市场的饱和度 ⑤市场的发展趋势 2）确定品牌发展方向 ①自我品牌认知 ②品牌发展目标 ③重大事件影响 3）品牌发展策略的类型 ①发展型战略 ②稳定型战略 ③紧缩战略 4）电子竞技活动品牌发展战略制定方法 ①自下而上 ②自上而下 ③协商式 ④半自治式	（1）方法：讲授法、案例教学法 （2）重点：品牌发展策略的类型 （3）难点：电子竞技活动品牌发展战略制定方法	4

续表

<table>
<tr><th colspan="4">2.1.5 一级 / 高级技师职业技能培训要求</th><th colspan="4">2.2.5 一级 / 高级技师职业技能培训课程规范</th></tr>
<tr><th>职业功能模块（模块）</th><th>培训内容（课程）</th><th>技能目标</th><th>培训细目</th><th>学习单元</th><th>课程内容</th><th>培训建议</th><th>课堂学时</th></tr>
<tr><td rowspan="15">1．活动策划</td><td rowspan="12">1-2 活动整体策划</td><td rowspan="2">1-2-2 能提出电子竞技活动运营策略与方案</td><td rowspan="2">（1）电子竞技活动运营策略的提出
（2）电子竞技活动运营方案的编写</td><td rowspan="2">（2）电子竞技活动运营策略与方案的编写</td><td>1）电子竞技活动运营策略的编写
①明确目标
②基础调研
③分群测试
④数据反馈
⑤迭代优化</td><td rowspan="2">（1）方法：讲授法、案例教学法、实训法
（2）重点：电子竞技活动运营策略的编写
（3）难点：常用的电子竞技活动运营方案编写方法</td><td rowspan="2">3</td></tr>
<tr><td>2）常用的电子竞技活动运营方案编写方法
①5W2H1E 分析法
②金字塔思维拆解法</td></tr>
<tr><td rowspan="10">1-2-3 能策划电子竞技活动总体方案</td><td rowspan="10">电子竞技活动总体方案的策划</td><td rowspan="10">（3）电子竞技活动总体方案的策划方法</td><td>1）移植法</td><td rowspan="10">（1）方法：讲授法、案例教学法
（2）重点与难点：电子竞技活动总体方案的策划方法</td><td rowspan="10">3</td></tr>
<tr><td>2）重点法</td></tr>
<tr><td>3）组合法</td></tr>
<tr><td>4）分解法</td></tr>
<tr><td>5）实证法</td></tr>
<tr><td>6）回避法</td></tr>
<tr><td>7）伏笔法</td></tr>
<tr><td>8）逆向法</td></tr>
<tr><td>9）背景转换法</td></tr>
<tr><td>10）捆绑连接法</td></tr>
<tr><td rowspan="2">1-3 实施方案策划</td><td rowspan="2">1-3-1 能提出电子竞技活动主题创意</td><td rowspan="2">（1）电子竞技活动主题的确定</td><td rowspan="2">（1）电子竞技活动主题创意</td><td>1）电子竞技活动主题的类型
①纪念庆典
②文艺娱乐事件
③商贸及会展
④体育赛事
⑤其他</td><td rowspan="2">（1）方法：讲授法、案例教学法</td><td rowspan="2">4</td></tr>
<tr><td>2）电子竞技活动主题创意案例的赏析</td></tr>
</table>

续表

2.1.5 一级 / 高级技师职业技能培训要求				2.2.5 一级 / 高级技师职业技能培训课程规范			
职业功能模块（模块）	培训内容（课程）	技能目标	培训细目	学习单元	课程内容	培训建议	课堂学时
1. 活动策划	1-3 实施方案策划	1-3-1 能提出电子竞技活动主题创意	(2) 电子竞技活动主题创意的提出	(1) 电子竞技活动主题创意	3) 电子竞技活动主题创意设定的原则 ①简明性原则 ②通俗性原则 ③差异性原则 ④形象性原则 ⑤关联性原则 ⑥真实性原则	(2) 重点与难点：电子竞技活动主题创意设定的原则	
		1-3-2 能评价电子竞技活动总体方案	电子竞技活动总体方案的评价	(2) 电子竞技活动总体方案的评定	1) 电子竞技活动总体方案综合评价的定性方法 ①德尔菲法 ②优缺点列举法	(1) 方法：讲授法、案例教学法 (2) 重点与难点：电子竞技活动总体方案的评价方法	3
					2) 电子竞技活动总体方案综合评价的定量方法 ①直接评分法 ②加权评分法 ③比较价值评分法 ④环比评分法 ⑤几何平均值评分法		
		1-3-3 能针对电子竞技活动总体方案提出改善建议	电子竞技活动总体方案改善建议的提出	(3) 电子竞技活动总体方案的改善建议	1) 组织架构及人员配置优化	(1) 方法：讲授法、案例教学法 (2) 重点与难点：电子竞技活动中各环节的改善建议	2
					2) 宣传推广渠道的比较		
					3) 活动流程优化		
					4) 设施设备优化		
					5) 安全应急方案优化		

续表

2.1.5　一级 / 高级技师职业技能培训要求				2.2.5　一级 / 高级技师职业技能培训课程规范			
职业功能模块（模块）	培训内容（课程）	技能目标	培训细目	学习单元	课程内容	培训建议	课堂学时
1．活动策划	1–4　相关文案写作	1–4–1　能编写电子竞技活动总体规划书	电子竞技活动总体规划书内容的编写	（1）电子竞技活动总体规划书	电子竞技活动总体规划书的内容 ①电子竞技活动背景概况 ②电子竞技活动的目的与可行性 ③电子竞技活动的总体规划 ④电子竞技活动项目实施计划 ⑤电子竞技活动项目实施预算 ⑥效益与风险分析	（1）方法：讲授法、案例教学法 （2）重点与难点：电子竞技活动总体规划书的内容	3
		1–4–2　能撰写电子竞技活动发展报告	电子竞技活动发展报告的撰写	（2）电子竞技活动发展报告的撰写	1）电子竞技活动发展报告的结构 ①电子竞技活动的现状 ②电子竞技活动的影响 ③电子竞技活动的未来发展趋势 2）电子竞技活动发展报告的内容 ①概况 ②市场分析 ③专项调查及走势影响分析 ④研究发展 ⑤竞争分析与预测 ⑥用户管理建议	（1）方法：讲授法、案例教学法、实训法 （2）重点：电子竞技活动发展报告的内容	2
		1–4–3　能撰写电子竞技活动运营方案	电子竞技活动运营方案的撰写	（3）电子竞技活动运营方案	电子竞技活动运营方案的内容	（1）方法：讲授法、案例教学法、实训法 （2）重点与难点：电子竞技活动运营方案的内容	2

续表

2.1.5 一级 / 高级技师职业技能培训要求				2.2.5 一级 / 高级技师职业技能培训课程规范			
职业功能模块（模块）	培训内容（课程）	技能目标	培训细目	学习单元	课程内容	培训建议	课堂学时
2．活动营销	2-1 营销计划制订	2-1-1 能对营销计划进行整体质量和进度把控	（1）营销计划整体质量的把控 （2）营销计划阶段性目标的分解	（1）营销计划整体质量和进度的管控	1）营销项目控制的内容 ①主题与环节设计 ②核心环节的预案准备 ③制订营销计划的执行标准 2）阶段性目标计划的分解方法 ①建立系统分解结构（WBS，工作分解结构） ②按人员及部门责任分工 ③按计划流程进行分解	（1）方法：讲授法、案例教学法 （2）重点：营销项目控制的内容 （3）难点：阶段性目标计划的分解方法	2
		2-1-2 能对营销计划进行成本费用预估	营销计划成本费用的预估	（2）费用的评估	1）营销计划的费用评估方法 ①根据市场进行评估 ②根据客户业务进行评估 2）项目成本的预算方法 ①经验估算法 ②因素估算法	（1）方法：讲授法、案例教学法 （2）重点：营销计划的费用评估方法 （3）难点：项目成本的预算方法	2
	2-2 营销实施	2-2-1 能与赞助商进行长期合作谈判	（1）赞助商标准的确认 （2）商务谈判的准备	（1）赞助商的合作谈判	1）赞助商标准的分类 ①赞助级别 ②典型的赞助特点 ③赞助的形式 2）商务谈判的统筹 ①人员统筹 ②信息统筹 ③谈判方案准备	（1）方法：讲授法、实训法、案例教学法	6

续表

2.1.5 一级 / 高级技师职业技能培训要求				2.2.5 一级 / 高级技师职业技能培训课程规范			
职业功能模块（模块）	培训内容（课程）	技能目标	培训细目	学习单元	课程内容	培训建议	课堂学时
2．活动营销	2-2 营销实施	2-2-1 能与赞助商进行长期合作谈判	（3）商务谈判类型的确认 （4）与赞助谈判人员的讨论 （5）后续工作的推进	（1）赞助商的合作谈判	3）商务谈判的分类 ①按参加人数分类 ②按谈判主体数量分类 ③按谈判地分类 ④按谈判内容的透明度分类 ⑤按谈判的方式分类 ⑥按价值理论分类 4）商务谈判的原则 ①平等自愿原则 ②互利互惠原则 ③立场服从利益原则 ④对事不对人原则 ⑤灵活变通原则 ⑥坚持客观标准原则 ⑦遵纪守法原则 5）推进后续工作 ①合作权益统计 ②合作的对接准备 ③会议宴请 ④媒体报道	（2）重点：赞助商标准的分类 （3）难点：商务谈判的分类与原则	
		2-2-2 能与其他电子竞技活动项目进行合作谈判	（1）电子竞技活动项目的选择 （2）商务谈判的准备 （3）商务谈判类型的确认	（2）电子竞技活动项目的合作谈判	1）常见电子竞技活动项目的分类 ①赛事 ②商演 ③研学旅行 2）商务谈判的统筹 3）商务谈判的分类	（1）方法：讲授法、实训法、案例教学法 （2）重点：常见电子竞技活动项目的类型	6

续表

2.1.5　一级 / 高级技师职业技能培训要求				2.2.5　一级 / 高级技师职业技能培训课程规范			
职业功能模块（模块）	培训内容（课程）	技能目标	培训细目	学习单元	课程内容	培训建议	课堂学时
2．活动营销	2-2　营销实施	2-2-2　能与其他电子竞技活动项目进行合作谈判	（4）与电子竞技活动谈判人员的讨论 （5）后续工作的推进	（2）电子竞技活动项目的合作谈判	4）商务谈判的原则	（3）难点：商务谈判的分类与原则	
					5）推进后续工作		
		2-2-3　能进行电子竞技活动融资或投资谈判	（1）谈判对象的分析 （2）企业资源的分析 （3）与电子竞技活动融资或投资人员的讨论 （4）后续工作的推进	（3）电子竞技活动融资或投资的谈判	1）融资、投资的基础知识 ①融资、投资的概念 ②融资、投资合作形式 ③融资、投资的阶段与估值	（1）方法：讲授法、实训法、案例教学法 （2）重点：谈判对象与电子竞技企业资源的分析 （3）难点：电子竞技商务谈判的统筹与原则	8
					2）谈判对象分析 ①谈判对象身份调查 ②谈判对象的资信调查		
					3）电子竞技企业资源分析 ①人力资源 ②物力资源 ③财力资源 ④技术资源 ⑤信息资源		
					4）电子竞技商务谈判的统筹		
					5）电子竞技商务谈判的原则		
					6）推进后续工作		
		2-2-4　能制定与大客户维持长期合作关系的方案	（1）大客户档案表的制作	（4）大客户维持方案的制定	1）大客户档案表的制作 ①大客户基本信息 ②大客户业务信息 ③大客户档案表规范事宜	（1）方法：讲授法、案例教学法	4

续表

<table>
<tr><th colspan="4">2.1.5　一级 / 高级技师职业技能培训要求</th><th colspan="4">2.2.5　一级 / 高级技师职业技能培训课程规范</th></tr>
<tr><th>职业功能模块（模块）</th><th>培训内容（课程）</th><th>技能目标</th><th>培训细目</th><th>学习单元</th><th>课程内容</th><th>培训建议</th><th>课堂学时</th></tr>
<tr><td rowspan="3">2. 活动营销</td><td rowspan="3">2-2　营销实施</td><td rowspan="3">2-2-4　能制定与大客户维持长期合作关系的方案</td><td rowspan="3">（2）CRM 办公系统的使用
（3）大客户关系管理模型的应用
（4）大客户拜访规范的制定</td><td rowspan="3">（4）大客户维持方案的制定</td><td>2）CRM 办公系统的常用功能
①客户信息管理
②客户跟踪
③表单与合同
④工作日程管理
⑤数据管理与分析</td><td rowspan="3">（2）重点：CRM 办公系统的常用功能
（3）难点：大客户关系管理模型的应用</td><td rowspan="3"></td></tr>
<tr><td>3）大客户关系管理模型的应用
①客户满意度管理
②客户让利管理
③关键人关系管理
④组织关系管理</td></tr>
<tr><td>4）大客户拜访规范
①着装及举止
②拜访流程
③客户拜访对象与次数的选择
④赠礼与应酬的经费审批
⑤员工拜访成果的考核</td></tr>
<tr><td rowspan="2">3. 宣传推广</td><td rowspan="2">3-1　执行计划制订</td><td rowspan="2">3-1-1　能对宣传推广执行计划进行整体质量和进度把控</td><td rowspan="2">（1）宣传推广各阶段质量控制标准的制定</td><td rowspan="2">（1）宣传推广执行计划的项目把控</td><td>1）宣传推广执行计划
①预热阶段执行计划
②活动阶段执行计划
③总结阶段执行计划</td><td rowspan="2">（1）方法：讲授法、案例教学法</td><td rowspan="2">2</td></tr>
<tr><td>2）宣传推广执行计划的项目控制
①制定宣传推广项目质量标准
②制定宣传推广项目进度标准</td></tr>
</table>

续表

2.1.5 一级 / 高级技师职业技能培训要求				2.2.5 一级 / 高级技师职业技能培训课程规范			
职业功能模块（模块）	培训内容（课程）	技能目标	培训细目	学习单元	课程内容	培训建议	课堂学时
3．宣传推广	3-1 执行计划制订	3-1-1 能对宣传推广执行计划进行整体质量和进度把控	（2）宣传推广各阶段及整体质量的把控 （3）宣传推广执行进度把控	（1）宣传推广执行计划的项目把控	③制定宣传推广项目费用标准 ④制定宣传推广项目效果标准 ⑤对比实际情况与标准内容 ⑥分析偏差成因，制定纠偏对策	（2）重点与难点：宣传推广执行计划的项目控制	
		3-1-2 能对宣传推广执行计划进行成本费用预估	（1）宣传推广执行计划成本费用的预估 （2）宣传推广方案的审核	（2）宣传推广执行计划成本的预估	1）宣传推广执行计划的费用评估方法 ①根据市场总体规模进行评估 ②根据地区区位状况进行评估 ③根据执行需求进行评估 2）宣传推广执行计划的成本预算 ①经验估算法 ②因素估算法	（1）方法：讲授法、案例教学法 （2）重点：宣传推广执行计划的成本预算 （3）难点：宣传推广执行计划的费用评估方法	2
				（3）宣传推广方案的审核	1）按要素及流程审核 2）按工作内容审核	（1）方法：讲授法、案例教学法 （2）重点与难点：宣传推广方案的审核	1
	3-2 官方平台宣传	3-2-1 能对官方平台宣传内容进行审核和监督	官方平台所使用的宣传内容的审核与监督	官方平台宣传内容的审核、总结、优化	1）官方平台宣传内容的审核与监督要点 ①内容表述监督 ②内容半成品及成品审核	（1）方法：讲授法、案例教学法 （2）重点：官方平台宣传效果的评估和总结方法	7
		3-2-2 能对官方平台宣传效果进行评估和总结	（1）官方平台宣传效果的评估		2）官方平台宣传效果的评估方法 ①曝光量评估 ②声量评估 ③用户心智变化评估 ④全网行为评估 ⑤官网流量评估		

续表

2.1.5　一级 / 高级技师职业技能培训要求				2.2.5　一级 / 高级技师职业技能培训课程规范			
职业功能模块（模块）	培训内容（课程）	技能目标	培训细目	学习单元	课程内容	培训建议	课堂学时
3．宣传推广	3-2　官方平台宣传	3-2-2　能对官方平台宣传效果进行评估和总结	（2）官方平台宣传效果的总结	官方平台宣传内容的审核、总结、优化	3）官方平台宣传效果的总结方法 ①根据数据反馈分析宣传实际效果 ②分析宣传过程实际存在的问题 ③预估未来发展走势	（3）难点：官方平台宣传效果的优化方法	
		3-2-3　能对官方平台宣传效果提出优化方案	官方平台宣传优化方案的提出		4）官方平台宣传效果的优化方法 ①内容呈现的优化 ②搜索引擎优化（SEO） ③宣传工作流程的优化		
					5）根据总结方案提出官方平台宣传优化方案		
	3-3　媒体渠道宣传	3-3-1　能对媒体渠道宣传内容进行审核和监督	媒体宣传所使用的宣传内容的审核与监督	媒体渠道宣传内容的审核、总结、优化	1）媒体宣传渠道的选择 ①宣传方式对比 ②宣传渠道费用对比 ③企业业务需求分析	（1）方法：讲授法、案例教学法 （2）重点：媒体渠道宣传效果的评估和总结方法	4
					2）媒体渠道宣传内容的审核与监督要点 ①宣传内容表述监督 ②宣传内容成品审核 ③合作内容监督		
		3-3-2　能对媒体渠道宣传效果进行评估和总结	（1）媒体渠道宣传效果的评估		3）媒体渠道宣传效果的评估方法 ①曝光量评估 ②声量评估 ③用户心智变化评估 ④全网行为评估 ⑤官网流量评估		

续表

<table>
<tr><th colspan="4">2.1.5　一级 / 高级技师职业技能培训要求</th><th colspan="4">2.2.5　一级 / 高级技师职业技能培训课程规范</th></tr>
<tr><th>职业功能模块（模块）</th><th>培训内容（课程）</th><th>技能目标</th><th>培训细目</th><th>学习单元</th><th>课程内容</th><th>培训建议</th><th>课堂学时</th></tr>
<tr><td rowspan="5">3．宣传推广</td><td rowspan="3">3-3　媒体渠道宣传</td><td>3-3-2　能对媒体渠道宣传效果进行评估和总结</td><td>（2）媒体渠道宣传效果的总结</td><td rowspan="3">媒体渠道宣传内容的审核、总结、优化</td><td>4）媒体渠道宣传效果的总结方法
①根据数据反馈分析宣传实际效果
②分析合作宣传过程实际存在的问题
③预估未来发展走势
④预估未来合作方向</td><td rowspan="3">（3）难点：媒体渠道宣传效果的优化方法</td><td rowspan="3"></td></tr>
<tr><td rowspan="2">3-3-3　能对媒体渠道宣传效果提出优化方案</td><td rowspan="2">媒体渠道宣传优化方案的提出</td><td>5）媒体平台宣传效果的优化方法
①内容呈现的优化
②搜索引擎优化（SEO）
③宣传工作流程的优化
④合作内容优化</td></tr>
<tr><td>6）根据总结内容提出媒体渠道宣传优化方案</td></tr>
<tr><td rowspan="2">3-4　线下活动推广</td><td rowspan="2">3-4-1　能设计线下推广活动的策划方案</td><td rowspan="2">线下推广活动策划方案的编写</td><td rowspan="2">（1）线下推广活动策划方案</td><td>1）线下推广活动策划方案的主要内容
①活动主题
②活动时间、地点
③活动目的及意义
④活动目标
⑤活动邀约
⑥活动流程及物资需求
⑦宣传及直转播渠道选择
⑧经费预算</td><td rowspan="2">（1）方法：讲授法、实训法、案例教学法</td><td rowspan="2">8</td></tr>
<tr><td>2）线下推广活动的策划方法
①分解法
②组合法
③移植法</td></tr>
</table>

续表

2.1.5 一级 / 高级技师职业技能培训要求				2.2.5 一级 / 高级技师职业技能培训课程规范			
职业功能模块（模块）	培训内容（课程）	技能目标	培训细目	学习单元	课程内容	培训建议	课堂学时
3．宣传推广	3–4 线下活动推广	3–4–1 能设计线下推广活动的策划方案	线下推广活动策划方案的编写	（1）线下推广活动策划方案	3）线下推广活动的策划技巧 ①阶段分解线下推广活动 ②明确主题并散布主题元素 ③明确人员组织分工 ④增设互动内容增加观众热情 ⑤根据活动大小选择宣传及直转播渠道	（2）重点：线下推广活动策划方案的主要内容 （3）难点：线下推广活动的策划方法及技巧	
					4）线下推广活动的经费预算 ①场地费用 ②人力费用 ③耗材费用 ④合作费用		
		3–4–2 能对线下推广活动的组织执行情况进行监督	线下推广活动组织执行情况的监督	（2）线下推广活动组织执行的监督	1）线下推广活动组织执行监督要点 ①活动实施监督 ②后勤保障监督 ③活动安全监督 ④宣传进度监督	（1）方法：讲授法、案例教学法 （2）重点：线下推广活动组织执行监督要点 （3）难点：线下推广活动的组织执行监督方法	2
					2）线下推广活动的组织执行监督方法 ①实地监督 ②数据跟踪 ③实时监督（监控系统）		
		3–4–3 能对线下推广活动效果进行评估总结，并提出优化方案	（1）线下推广活动效果的评估	（3）线下推广活动的评估、总结、优化	1）线下推广活动效果的评估方法 ①比较趋势法 ②市场调查法 ③观察法	（1）方法：讲授法、案例教学法	4

续表

2.1.5　一级 / 高级技师职业技能培训要求				2.2.5　一级 / 高级技师职业技能培训课程规范			
职业功能模块（模块）	培训内容（课程）	技能目标	培训细目	学习单元	课程内容	培训建议	课堂学时
3．宣传推广	3-4　线下活动推广	3-4-3　能对线下推广活动效果进行评估总结，并提出优化方案	（2）线下推广活动的总结 （3）线下推广活动优化方案的提出	（3）线下推广活动的评估、总结、优化	2）线下推广活动效果的评估要点 ①活动曝光量 ②活动现场热度 ③用户心理变化 3）线下推广活动的总结方法 ①根据现场用户反馈分析内容热点 ②根据现场用户参与度分析曝光量 ③推广活动工作实施问题分析 4）线下推广活动优化方法 ①活动流程优化 ②活动内容制作优化 ③活动宣发方式优化 ④活动工作执行优化 ⑤商户合作优化 5）根据总结内容提出线下推广活动优化方案	（2）重点：线下推广活动效果的评估和总结方法 （3）难点：线下推广活动优化方法	
4．活动执行	4-1　活动现场监督	4-1-1　能对赛事活动现场整体情况进行监督	（1）赛事活动现场监控技巧的使用	（1）赛事活动现场整体情况的监督	1）赛事活动现场监控技巧 ①保持适度的存在感 ②明确监督需求 ③与被监控者目标一致 ④与被监控者分清职责 ⑤注意维系上下级关系 ⑥分清轻重缓急，有序安排工作	（1）方法：讲授法、案例教学法	4

续表

2.1.5 一级 / 高级技师职业技能培训要求				2.2.5 一级 / 高级技师职业技能培训课程规范			
职业功能模块（模块）	培训内容（课程）	技能目标	培训细目	学习单元	课程内容	培训建议	课堂学时
4. 活动执行	4-1 活动现场监督	4-1-1 能对赛事活动现场整体情况进行监督	(2) 赛事活动现场品质的管控 (3) 赛事活动现场角色的管理 (4) 赛事活动现场安全、秩序和保洁的监督	(1) 赛事活动现场整体情况的监督	2) 赛事活动现场品质把控的关键要素 ①活动现场的布置 ②平面图效果 ③舞台搭建 ④现场美陈布置 3) 赛事活动现场角色管理 ①监督和控制各种角色人员的到场和准备情况 ②负责各角色人员之间的信息沟通 ③汇总并解决各角色群体提出的各种要求和出现的各种问题 ④跟进各角色工作进展情况 4) 赛事活动现场安全、秩序和保洁 ①消防安全 ②医疗设置 ③安保布置 ④活动设施安全 ⑤进场时间和施工现场管理 ⑥人员保证金管理 ⑦现场音响音量的控制 ⑧活动现场物料管理 ⑨活动现场卫生清洁	(2) 重点：赛事活动现场监控技巧 (3) 难点：赛事活动现场品质把控的关键要素	

续表

2.1.5　一级 / 高级技师职业技能培训要求				2.2.5　一级 / 高级技师职业技能培训课程规范			
职业功能模块（模块）	培训内容（课程）	技能目标	培训细目	学习单元	课程内容	培训建议	课堂学时
4．活动执行	4-1　活动现场监督	4-1-2　能对赛事活动现场突发事件进行处理决策	赛事活动现场突发事件的处理决策	（2）赛事活动现场突发事件的处理决策	1）突发事件处理原则 ①即时报告，考虑周全 ②冷静应对，措施得当 ③在保证生命安全的前提下，尽量减少财产的损失	（1）方法：讲授法、案例教学法 （2）重点：突发事件处理原则 （3）难点：突发事件决策方法	1
					2）突发事件决策步骤 ①确认问题 ②分析环境 ③拟订和选择方案 ④实施和反馈		
					3）突发事件决策方法 ①科学决策法 ②经验决策法 ③外脑决策法		
	4-2　工作人员管理	4-2-1　能对活动执行人员进行工作分工和工作监督	（1）人员分工内容的指导	（1）活动执行人员的工作分工和监督	1）赛事活动执行人员的委任参考因素 ①技术 ②能力 ③工作履历 ④性格	（1）方法：讲授法、实训法、案例教学法 （2）重点：赛事活动现场人员分工	4
					2）赛事活动现场人员分工 ①总协调人员 ②裁判人员 ③统计评奖人员 ④检录员 ⑤主持人员 ⑥宣传组人员 ⑦灯光、音响师 ⑧后勤人员 ⑨场地物料管理人员 ⑩安保人员		

续表

2.1.5　一级 / 高级技师职业技能培训要求				2.2.5　一级 / 高级技师职业技能培训课程规范			
职业功能模块（模块）	培训内容（课程）	技能目标	培训细目	学习单元	课程内容	培训建议	课堂学时
4. 活动执行	4-2 工作人员管理	4-2-1 能对活动执行人员进行工作分工和工作监督	(2) 人员分工职责的监督	(1) 活动执行人员的工作分工和监督	3) 赛事活动执行人员工作职责的监督 ①工作考勤 ②工作进度 ③工作质量	(3) 难点：赛事活动执行人员工作职责的监督	
					4) 赛事活动执行人员工作的协调 ①区域协调 ②时间协调		
					5) 工作职责奖惩制度 ①活动奖金 ②优秀员工激励制度 ③惩罚制度		
		4-2-2 能对活动执行人员进行岗位职责培训	(1) 岗位职责培训教案的编写 (2) 岗位职责典型案例的收集和制作	(2) 活动执行人员岗位职责的培训	1) 岗位职责视频录制 ①技巧示范 ②职责说明 ③强化练习	(1) 方法：讲授法、演示法、实训法、案例教学法 (2) 重点：各岗位人员培训和考核 (3) 难点：根据企业实际情况编制人员培训和考核计划	2
					2) 培训材料的收集与编写		
					3) 根据企业实际情况编制人员培训和考核计划		
					4) 各岗位人员培训和考核		
	4-3 赛事活动总结	4-3-1 能对赛事活动进行分析总结，制定总结方案	(1) 赛事活动效果的分析总结	(1) 赛事活动的分析总结与总结方案的制定	1) 赛事活动效果分析总结方法 ①摘要式 ②提纲式 ③表解式 ④图解式 ⑤综合式	(1) 方法：讲授法、演示法、案例教学法	3

续表

2.1.5　一级 / 高级技师职业技能培训要求				2.2.5　一级 / 高级技师职业技能培训课程规范			
职业功能模块（模块）	培训内容（课程）	技能目标	培训细目	学习单元	课程内容	培训建议	课堂学时
4．活动执行	4-3　赛事活动总结	4-3-1　能对赛事活动进行分析总结，制定总结方案	（2）赛事活动总结方案的制定	（1）赛事活动的分析总结与总结方案的制定	2）活动总结方案的结构形式 ①条目式 ②三段式 ③分项式 ④漫谈式 3）活动总结方案制定的基本原则 ①总结前要充分占有材料 ②总结要实事求是 ③总结条理要清晰 ④总结要裁剪得体，详略适宜 4）活动总结方案的写作技巧 ①总结开头简洁明了 ②先进行大纲的撰写 ③活动效果实事求是 ④使用图标进行分析 ⑤重视活动中的细节 ⑥突出活动重点 ⑦语句简练、通俗易懂 ⑧注意排版 ⑨形成自己的方案写作风格 ⑩坚持资料、数据的收集	（2）重点：活动总结方案的结构形式和基本原则 （3）难点：活动总结方案的写作技巧	

续表

2.1.5　一级 / 高级技师职业技能培训要求				2.2.5　一级 / 高级技师职业技能培训课程规范			
职业功能模块（模块）	培训内容（课程）	技能目标	培训细目	学习单元	课程内容	培训建议	课堂学时
4. 活动执行	4-3　赛事活动总结	4-3-2　能提出赛事活动优化建议	赛事活动优化方案的提出	（2）赛事活动优化建议	1）赛事活动赛制的优化方法 ①根据参赛队伍规模优化 ②根据赛事项目优化 ③根据场地规模优化 ④根据赛事持续时间优化 2）赛事运营的优化方法 ①赛事品牌的建设和传播优化 ②赛事市场开发优化 ③赛事传播渠道优化 ④赛事用户反馈渠道优化 3）赛事服务的优化方法 ①赛事接待优化 ②赛事安保优化 ③赛场设施优化 ④人员结构优化 ⑤部门协作优化 ⑥赛事流程优化	（1）方法：讲授法、案例教学法 （2）重点：赛事运营的优化方法 （3）难点：赛事服务的优化方法	3
5. 培训与指导	5-1　培训	5-1-1　能培训二级 / 技师	（1）对二级 / 技师职业需求能力的确认 （2）培训考核方式的设置	（1）岗位的培训	1）二级 / 技师职业需求能力 ①活动策划知识 ②活动营销知识 ③宣传推广技巧 ④活动执行技巧 2）考核方式的设置 ①笔试 ②操作 ③口试	（1）方法：讲授法、案例教学法、实训法 （2）重点：二级 / 技师职业需求能力	2

续表

2.1.5　一级 / 高级技师职业技能培训要求				2.2.5　一级 / 高级技师职业技能培训课程规范			
职业功能模块（模块）	培训内容（课程）	技能目标	培训细目	学习单元	课程内容	培训建议	课堂学时
5．培训与指导	5-1　培训	5-1-2　能制定专项培训计划和大纲	（1）培训计划的制订 （2）培训大纲的制定	（2）培训计划和大纲	1）培训计划 2）培训大纲	（1）方法：讲授法、案例教学法、实训法 （2）重点：培训计划 （3）难点：培训大纲	2
		5-1-3　能编写培训教材	（1）培训教材资料的整理 （2）培训教材内容的编写	（3）培训教材的编写	1）培训教材资料的整理 ①文献、教材收集 ②活动归档素材调用 2）培训教材内容的编写 ①确定培训教材目录与知识结构 ②确定培训教材体量与表现方式 ③补充培训教材的习题与参考资料 ④录制相关视频内容	（1）方法：讲授法、案例教学法 （2）重点：培训教材资料的整理 （3）难点：培训教材内容的编写	2
	5-2　指导	5-2-1　系统地传授专业知识和技能	（1）专业知识与技能的总结 （2）专业知识与技能的系统传授	（1）专业知识与技能的总结	1）总结二级 / 技师工作规范 ①岗位职责要求 ②工作流程规范 ③礼仪与形象规范 ④考勤规范 2）技能的总结	（1）方法：讲授法、案例教学法、实训法 （2）重点：总结二级 / 技师工作规范 （3）难点：技能的总结	3
				（2）专业知识与技能的传授	1）对二级 / 技师进行理论指导 ①口授工作经验 ②提供工作手册 2）对二级 / 技师进行操作演示 ①培训模拟演示 ②工作实操演示	（1）方法：讲授法、实训法 （2）重点：对二级 / 技师进行理论指导 （3）难点：对二级 / 技师进行操作演示	2

续表

2.1.5　一级 / 高级技师职业技能培训要求				2.2.5　一级 / 高级技师职业技能培训课程规范			
职业功能模块（模块）	培训内容（课程）	技能目标	培训细目	学习单元	课程内容	培训建议	课堂学时
5．培训与指导	5–2　指导	5–2–2　能安排教学内容，选择教学方式	（1）教学内容的布置 （2）教学方式的选择	（3）教学内容的布置与教学方式的选择	1）教学内容的布置 2）教学方式的选择	（1）方法：讲授法、案例教学法 （2）重点与难点：教学内容的布置	1
课堂学时合计							124